LE LUTRIN,

POËME,

PAR BOILEAU.

Édition enrichie de Notes historiques, critiques,
et littéraires, et de rapprochemens avec les meilleurs Auteurs français ;

PAR N. A. DUBOIS.

PARIS.

IMPRIMERIE ET LIBRAIRIE CLASSIQUES

DE JULES DELALAIN ET Cie,

Fils et Successeurs d'Auguste Delalain,

Rue des Mathurins St-Jacques, N° 5, près de la Sorbonne.

M DCCC XXXVI.

Tout contrefacteur ou débitant de contre-façons de cette Édition sera poursuivi conformément aux lois.

Tous les Exemplaires sont revêtus de notre griffe.

LE LUTRIN,

POËME.

AVIS AU LECTEUR
SUR LE LUTRIN.

Il serait inutile maintenant de nier que le poëme suivant a été composé à l'occasion d'un différend assez léger, qui s'émut, dans une des plus célèbres églises de Paris, entre le trésorier et le chantre. Mais c'est tout ce qu'il y a de vrai. Le reste, depuis le commencement jusqu'à la fin, est une pure fiction : et tous les personnages y sont non-seulement inventés, mais j'ai eu soin même de les faire d'un caractère directement opposé au caractère de ceux qui desservent cette église, dont la plupart, et principalement les chanoines, sont tous gens, non-seulement d'une fort grande probité, mais de beaucoup d'esprit, et entre lesquels il y en a tel à qui je demanderais aussi volontiers son sentiment sur mes ouvrages, qu'à beaucoup de messieurs de l'Académie. Il ne faut pas s'étonner si personne n'a été offensé de l'impression de ce poëme, puisqu'il n'y a en effet personne qui y soit véritablement attaqué. Un prodigue ne s'avise guère de s'offenser de voir rire d'un avare, ni un dévot de voir tourner en ridicule un libertin.

Je ne dirai point comment je fus engagé à travailler à cette bagatelle sur une espèce de défi qui me fut fait en riant par feu M. le président de Lamoignon, qui est celui que j'y peins sous le nom d'Ariste. Ce détail, à mon avis, n'est pas fort nécessaire. Mais je croirais me faire un trop grand tort si je laissais échapper cette occasion d'apprendre à ceux qui l'ignorent, que ce grand personnage, durant sa vie, m'a honoré de son amitié. Je commençai à le connaître dans le temps que mes satires faisaient le plus de bruit ; et l'accès obligeant qu'il me donna dans son illustre maison, fit avantageusement mon apologie contre ceux qui voulaient m'accuser alors de libertinage et de mauvaises

*mœurs. C'était un homme d'un savoir étonnant, et
passionné admirateur de tous les bons livres de
l'antiquité ; et c'est ce qui lui fit plus aisément
souffrir mes ouvrages, où il crut entrevoir quelque
goût des anciens. Comme sa piété était sincère, elle
était aussi fort gaie, et n'avait rien d'embarrassant.
Il ne s'effraya point du nom de satire que portaient
ces ouvrages, où il ne vit en effet que des vers et des
auteurs attaqués. Il me loua même plusieurs fois
d'avoir purgé, pour ainsi dire, ce genre de poésie
de la saleté qui lui avait été jusqu'alors comme
affectée. J'eus donc le bonheur de ne lui être pas
désagréable. Il m'appela à tous ses plaisirs et à tous
ses divertissements ; c'est-à-dire à ses lectures et à
ses promenades. Il me favorisa même quelquefois
de sa plus étroite confidence, et me fit voir à fond
son âme entière. Et que n'y vis-je point ! Quel trésor
surprenant de probité et de justice ! Quel fonds iné-
puisable de piété et de zèle ! Bien que sa vertu jetât
un fort grand éclat au dehors, c'était tout autre
chose au dedans ; et on voyait bien qu'il avait soin
d'en tempérer les rayons, pour ne pas blesser les
yeux d'un siècle aussi corrompu que le nôtre. Je fus
sincèrement épris de tant de qualités admirables ;
et s'il eut beaucoup de bonne volonté pour moi, j'eus
aussi pour lui une très-forte attache. Les soins
que je lui rendis ne furent mêlés d'aucune raison
d'intérêt mercenaire ; et je songeai bien plus à pro-
fiter de sa conversation que de son crédit. Il mourut dans le temps que cette amitié était en son plus
haut point ; et le souvenir de sa perte m'afflige
encore tous les jours. Pourquoi faut-il que des
hommes si dignes de vivre soient sitôt enlevés du
monde, tandis que des misérables et des gens de rien
arrivent à une extrême vieillesse ! Je ne m'étendrai
pas davantage sur un sujet si triste : car je sens
bien que si je continuais à en parler, je ne pourrais
m'empêcher de mouiller peut-être de larmes la
préface d'un ouvrage de pure plaisanterie.*

LE LUTRIN,

POËME HÉROÏ-COMIQUE.

CHANT PREMIER.

ARGUMENT.

Le *trésorier remplit la première dignité du chapitre dont il est ici parlé, et il officie avec
toutes les marques de l'épiscopat. Le chantre
remplit la seconde dignité. Il y avait autrefois
dans le chœur, à la place de celui-ci, un énorme
pupitre ou lutrin, qui le couvrait presque tout
entier. Il le fit ôter. Le trésorier voulut le faire
remettre. De là arriva une dispute, qui fait le
sujet de ce poëme.*

Je chante les combats, et ce prélat terrible [1]
Qui par ses longs travaux et sa force invincible,
Dans une illustre église [2] exerçant son grand cœur,
Fit placer à la fin un lutrin dans le chœur.
C'est en vain que le chantre [3], abusant d'un faux titre,
Deux fois l'en fit ôter par les mains du chapitre :
Ce prélat, sur le banc de son rival altier
Deux fois le reportant, l'en couvrit tout entier.
  Muse, redis-moi donc quelle ardeur de vengeance [4]
De ces hommes sacrés rompit l'intelligence,
Et troubla si long-temps deux célèbres rivaux.
Tant de fiel entre-t-il dans l'âme des dévots [5] !

Et toi, fameux héros, dont la sage entremise
De ce schisme naissant débarrassa l'Église,
Viens d'un regard heureux animer mon projet,
Et garde-toi de rire en ce grave sujet.
   Parmi les doux plaisirs d'une paix fraternelle,
Paris voyait fleurir son antique chapelle :
Ses chanoines vermeils et brillans de santé
S'engraissaient d'une longue et sainte oisiveté;
Sans sortir de leurs lits, plus doux que leurs her-
    mines,
Ces pieux fainéans faisaient chanter matines,
Veillaient à bien dîner, et laissaient en leur lieu
A des chantres gagés le soin de louer Dieu :
Quand la Discorde, encor toute noire de crimes,
Sortant des Cordeliers pour aller aux Minimes,
Avec cet air hideux qui fait frémir la Paix;
S'arrêta près d'un arbre au pied de son palais.
Là, d'un œil attentif contemplant son empire,
A l'aspect du tumulte elle-même s'admire.
Elle y voit par le coche et d'Evreux et du Mans
Accourir à grands flots ses fidèles Normands :
Elle y voit aborder le marquis, la comtesse,
Le bourgeois, le manant, le clergé, la noblesse;
Et partout des plaideurs les escadrons épars
Faire autour de Thémis flotter ses étendards.
Mais une église seule, à ses yeux immobile,
Garde au sein du tumulte une assiette tranquille;
Elle seule la brave : elle seule aux procès
De ses paisibles murs veut défendre l'accès.
La Discorde, à l'aspect d'un calme qui l'offense,
Fait siffler ses serpens, s'excite à la vengeance :
Sa bouche se remplit d'un poison odieux,
Et de longs traits de feu lui sortent par les yeux.
   Quoi ! dit-elle d'un ton qui fit trembler les vitres,
J'aurai pu jusqu'ici brouiller tous les chapitres,
Diviser Cordeliers, Carmes et Célestins, [6]
J'aurai fait soutenir un siége aux Augustins :
Et cette église seule, à mes ordres rebelle,
Nourrira dans son sein une paix éternelle !

Suis-je donc la Discorde[7] ? et , parmi les mortels ,
Qui voudra désormais encenser mes autels ?

A ces mots , d'un bonnet couvrant sa tête énorme ,
Elle prend d'un vieux chantre et la taille et la forme ;
Elle peint de bourgeons son visage guerrier ,
Et s'en va de ce pas trouver le trésorier.

Dans le réduit obscur d'une alcove enfoncée [8]
S'élève un lit de plume à grand frais amassée :
Quatre rideaux pompeux , par un double contour ,
En défendent l'entrée à la clarté du jour.
Là , parmi les douceurs d'un tranquille silence ,
Règne sur le duvet une heureuse indolence :
C'est là que le prélat , muni d'un déjeûner ,
Dormant d'un léger somme , attendait le dîner.
La jeunesse en sa fleur brille sur son visage :
Son menton sur son sein descend à triple étage :
Et son corps ramassé dans sa courte grosseur
Fait gémir les coussins sous sa molle épaisseur.

La déesse en entrant , qui voit la nappe mise ,
Admire un si bel ordre , et reconnaît l'Église :
Et , marchant à grands pas vers le lieu de repos ,
Au prélat sommeillant elle adresse ces mots :

Tu dors , prélat[9] , tu dors ; et là-haut à ta place
Le chantre aux yeux du chœur étale son audace ,
Chante les OREMUS ; fait les processions ,
Et répand à grands flots les bénédictions.
Tu dors ! Attends-tu donc que, sans bulle et sans titre ,
Il te ravisse encor le rochet et la mitre ?
Sors de ce lit oiseux qui te tient attaché ,
Et renonce au repos , ou bien à l'évêché.

Elle dit , et du vent de sa bouche profane ,
Lui souffle avec ces mots l'ardeur de la chicane.
Le prélat se réveille , et plein d'émotion ,
Lui donne toutefois la bénédiction.

Tel qu'on voit un taureau qu'une guêpe en furie
A piqué dans les flancs aux dépens de sa vie ,
Le superbe animal , agité de tourmens ,
Exhale sa douleur en longs mugissemens :
Tel le fougueux prélat , que ce songe épouvante ,

Querelle en se levant et laquais et servante,
Et d'un juste courroux rallumant sa vigueur,
Même avant le dîner ¹⁰ parle d'aller au chœur.
Le prudent Gilotin ¹¹, son aumônier fidèle,
En vain par ses conseils sagement le rappelle :
Lui montre le péril; que midi va sonner;
Qu'il va faire, s'il sort, refroidir le dîner.

    Quelle fureur, dit-il, quel aveugle caprice,
Quand le dîner est prêt, vous appelle à l'office ?
De votre dignité soutenez mieux l'éclat :
Est-ce pour travailler que vous êtes prélat ?
A quoi bon ce dégoût et ce zèle inutile ?
Est-il donc pour jeûner quatre-temps ou vigile ?
Reprenez vos esprits, et souvenez-vous bien
Qu'un dîner réchauffé ne valut jamais rien.

    Ainsi, dit Gilotin; et ce ministre sage
Sur table au même instant fait servir le potage.
Le prélat voit la soupe, et, plein d'un saint respect,
Demeure quelque temps muet à cet aspect.
Il cède, il dîne enfin : mais, toujours plus farouche,
Les morceaux trop hâtés se pressent dans sa bouche.
Gilotin en gémit, et sortant de fureur,
Chez tous ses partisans va semer la terreur.
On voit courir chez lui leurs troupes éperdues,
Comme l'on voit marcher des bataillons de grues,
Quand le Pygmée altier ¹², redoublant ses efforts,
De l'Hèbre ou du Strymon ¹³ vient d'occuper les bords.
A l'aspect imprévu de leur foule agréable,
Le prélat radouci veut se lever de table :
La couleur lui renaît, sa voix change de ton;
Il fait par Gilotin rapporter un jambon.
Lui-même le premier, pour honorer la troupe,
D'un vin pur et vermeil il fait remplir sa coupe;
Il l'avale d'un trait : et, chacun l'imitant,
La cruche au large ventre est vide en un instant.
Sitôt que du nectar la troupe est abreuvée,
On dessert : et soudain, la nappe étant levée,
Le prélat, d'une voix conforme à son malheur,
Leur confie en ces mots sa trop juste douleur :

Illustres compagnons de mes longues fatigues,
Qui m'avez soutenu par vos pieuses ligues,
Et par qui, maître enfin d'un chapitre insensé,
Seul à MAGNIFICAT je me vois encensé :
Souffrirez-vous toujours qu'un orgueilleux m'outrage,
Que le chantre à vos yeux détruise votre ouvrage,
Usurpe tous mes droits, et, s'égalant à moi,
Donne à votre lutrin et le ton et la loi ?
Ce matin même encor, ce n'est point un mensonge,
Une divinité me l'a fait voir en songe ;
L'insolent, s'emparant du fruit de mes travaux,
A prononcé pour moi le BENEDICAT vos !
Oui, pour mieux m'égorger il prend mes propres
          armes.
    Le prélat à ces mots verse un torrent de larmes.
Il veut, mais vainement, poursuivre son discours ;
Ses sanglots redoublés en arrêtent le cours.
Le zélé Gilotin, qui prend part à sa gloire,
Pour lui rendre la voix fait rapporter à boire :
Quand Sidrac, à qui l'âge allonge le chemin,
Arrive dans la chambre, un bâton à la main.
Ce vieillard dans le chœur a déjà vu quatre âges :
Il sait de tous les temps les différens usages :
Et son rare savoir, de simple marguillier [14],
L'éleva par degrés au rang de chevecier.
A l'aspect du prélat qui tombe en défaillance,
Il devine son mal, il se ride, il s'avance ;
Et d'un ton paternel réprimant ses douleurs :
    Laisse au chantre, dit-il, la tristesse et les pleurs,
Prélat : et, pour sauver tes droits et ton empire,
Ecoute seulement ce que le ciel m'inspire.
Vers cet endroit du chœur où le chantre orgueilleux
Montre, assis à ta gauche, un front si sourcilleux,
Sur ce rang d'ais serrés qui forment sa clôture,
Fut jadis un lutrin d'inégale structure,
Dont les flancs élargis de leur vaste contour
Ombrageaient pleinement tous les lieux d'alentour.
Derrière ce lutrin, ainsi qu'au fond d'un antre,
A peine sur son banc on discernait le chantre :

Tandis qu'à l'autre banc le prélat radieux,
Découvert au grand jour, attirait tous les yeux.
Mais un démon, fatal à cette ample machine,
Soit qu'une main, la nuit, eût hâté sa ruine,
Soit qu'ainsi de tout temps l'ordonnât le destin,
Fit tomber à nos yeux le pupitre, un matin.
J'eus beau prendre le ciel et le chantre à partie,
Il fallut l'emporter dans notre sacristie,
Où, depuis trente hivers, sans gloire enseveli,
Il languit tout poudreux dans un honteux oubli.
Entends-moi donc, prélat. Dès que l'ombre tran-
                    quille
Viendra d'un crêpe noir envelopper la ville,
Il faut que trois de nous sans tumulte et sans bruit,
Partent à la faveur de la naissante nuit,
Et, du lutrin rompu réunissant la masse,
Aillent d'un zèle adroit le remettre en sa place.
Si le chantre demain ose le renverser,
Alors de cent arrêts tu le peux terrasser.
Pour soutenir tes droits, que le ciel autorise,
Abîme tout plutôt : c'est l'esprit de l'Eglise [15] :
C'est par là qu'un prélat signale sa vigueur.
Ne borne pas ta gloire à prier dans un chœur;
Ces vertus dans Aleth [16] peuvent être en usage;
Mais dans Paris plaidons : c'est-là notre partage.
Tes bénédictions dans le trouble croissant,
Tu pourras les répandre et par vingt et par cent :
Et, pour braver le chantre et son orgueil extrême,
Les répandre à ses yeux, et le bénir lui-même.
  Ce discours aussitôt frappe tous les esprits;
Et le prélat charmé l'approuve par des cris.
Il veut que, sur-le-champ, dans la troupe on choisisse
Les trois que Dieu destine à ce pieux office :
Mais chacun prétend part à cet illustre emploi.
Le sort, dit le prélat, vous servira de loi [17],
Que l'on tire au billet ceux que l'on doit élire.
Il dit, on obéit, on se presse d'écrire.
Aussitôt trente noms, sur le papier tracés,
Sont au fond d'un bonnet par billets entassés.

                                        * I

Pour tirer ces billets avec moins d'artifice,
Guillaume, enfant de chœur, prête sa main novice :
Son front nouveau tondu, symbole de candeur,
Rougit, en approchant, d'une honnête pudeur.
Cependant le prélat, l'œil au ciel, la main nue,
Bénit trois fois les noms, et trois fois les remue.
Il tourne le bonnet : l'enfant tire ; et Broutin [18]
Est le premier des noms qu'apporte le destin.
Le prélat en conçoit un favorable augure,
Et ce nom dans la troupe excite un doux murmure.
On se tait, et bientôt on voit paraître au jour
Le nom, le fameux nom du perruquier l'Amour [19].
Ce nouvel Adonis, à la blonde crinière,
Est l'unique souci d'Anne sa perruquière [20] :
Ils s'adorent l'un l'autre ; et ce couple charmant
S'unit long-temps, dit-on, avant le sacrement :
Mais, depuis trois moissons, à leur saint assemblage
L'official a joint le nom de mariage.
Ce perruquier superbe est l'effroi du quartier,
Et son courage est peint sur son visage altier.
Un des noms reste encor, et le prélat par grâce
Une dernière fois les brouille et les ressasse.
Chacun croit que son nom est le dernier des trois :
Mais que ne dis-tu point, ô puissant porte-croix,
Boirude, sacristain [21], cher ami de ton maître,
Lorsqu'aux yeux du prélat tu vis ton nom paraître !
On dit que ton front jaune, et ton teint sans couleur
Perdit en ce moment son antique pâleur ;
Et que ton corps goutteux, plein d'une ardeur
          guerrière,
Pour sauter au plancher fit deux pas en arrière.
Chacun bénit tout haut l'arbitre des humains,
Qui remet le bon droit en de si bonnes mains.
Aussitôt on se lève, et l'assemblée en foule,
Avec un bruit confus, par les portes s'écoule.
    Le prélat, resté seul, calme un peu son dépit,
Et jusques au souper se couche et s'assoupit.

NOTES.

1 . . . . *Et ce prélat terrible*, etc. Claude Auvry, ancien évêque de Coutances, et alors trésorier de la Sainte-Chapelle.

2 *Dans une illustre église*, etc. Les *fragmens* imprimés en 1673, à la suite d'une plaisanterie de l'abbé de Marigny, intitulée *le Pain Béni*, contiennent plusieurs variantes du Lutrin. Ici, au lieu de :

Dans une illustre église, etc.,

les fragmens portent :

Dans la Sainte-Chapelle, etc.

3 *C'est en vain que le chantre*, etc. Jacques Bàrrin, fils du maître des requêtes La Galissonnière.

4 *Muse, redis-moi donc*, etc. Imitation de Virgile, Enéide, liv. I, vers 12 ; ou d'Homère, premier vers de l'Odyssée.

5 *Tant de fiel*, etc. Voyez Virgile, Enéide, liv. I, vers 15.

6 *Diviser Cordeliers*, etc. Elle les avait tellement *divisés* que l'autorité fut forcée d'intervenir dans ces querelles, et que, sur le réquisitoire de l'avocat-général Talon, le parlement rendit, au mois d'avril 1667, un arrêt qui avait pour but de rétablir l'ordre et de ramener la paix dans ces différens monastères.

7 *Suis-je donc la Discorde*, etc. On est agréablement surpris d'entendre la Discorde tenir ici le discours que tient Junon dans l'Enéide (*liv. I, v. 51*), et parler d'une querelle de chanoines, comme l'al-

tière et impérieuse déesse parle de la fondation de
Troie et de sa haine contre Enée (*Marmontel*).

8 *Dans le réduit obscur*, etc. On a souvent cité
ces vers admirables pour la justesse et le fini de l'expression. L'imitateur Portugais de Boileau reste bien
loin de son modèle, lorsqu'il dit :

> *Sobre um molle sopha dormïa a sesta :*
>   *Roncava mui folgado, e cado ronco*
> *A grande sala estremecer fazia.*
>
>   *Cant. II.*

«Mollement étendu sur un sopha, il faisait la sieste,
ronflait tout à son aise, et ses ronflemens étaient au
loin répétés par le vaste salon. »

          (*Traduction nouvelle de l'Editeur.*)

Les vers portugais ne sont dépourvus ni de grâce,
ni de charme, bien qu'ils soient inférieurs à ceux de
Boileau.

9 *Tu dors, prélat*, etc. Dans l'Iliade d'Homère
(*liv. II, v.* 23), le songe funeste, qui vient tromper Agamemnon de la part de Jupiter, l'aborde en
ces termes : « Tu dors, fils du puissant et belliqueux
Atrée! tu dors! convient-il qu'un chef, qu'un
homme chargé de la destinée des peuples, s'abandonne, la nuit tout entière, aux douceurs du sommeil! etc... »

On connait aussi le fameux :

> . . . *Tu dors, Brutus, et Rome est dans les fers !*

10 *Même avant le dîner*, etc. Ce trait est charmant : le prélat est fou, fou à lier : aller au chœur
avant le dîner !

11 *Le prudent Gilotin*, etc. Son véritable nom
était *Guéronet*. Dans la suite, le trésorier récompensa

son zèle, en lui donnant la cure de la Sainte-Chapelle.

12 *Quand le pygmée altier*, etc... Antithèse fort plaisante, quand on songe que, chez ce peuple fabuleux, les hommes n'avaient qu'un pied de haut, et qu'ils s'avançaient au combat, montés sur des perdrix ou sur des chèvres à la taille *haute* comme la leur. La reine des Pygmées, Gérana, fut changée en grue par Junon, pour avoir osé disputer à cette déesse le prix de la beauté. Aristote a fait mention d'*animalcules*, qui naissent auprès du fleuve Hypanis ; ils ne sont autres que les Pygmées. Strabon (*liv. II*), Philostrate (*Icon.*, *liv. II*, *chap.* 22) et l'Écriture elle-même parlent souvent de ce peuple *plus que myrmidon*.

13 *De l'Hèbre et du Strymon*, etc. L'Hèbre, fleuve de la Thrace, prenait sa source au mont Hémus (aujourd'hui Eminch, le Balkan, ou les Balkans), passait à Adrianopolis et se jetait dans la mer Égée : l'Hèbre est aujourd'hui le *Maritza*.

Le Strymon, fleuve de Macédoine (Turquie d'Europe), la séparait de la Thrace, passait à Amphipolis (aujourd'hui *Emboli*), et avait son embouchure au golfe du même nom (aujourd'hui golfe de *Contessa*). Le Strymon s'appelle à présent *Strymona*.

14 . . . , . . *de simple marguillier,*
   L'éleva par degrés au rang de chevecier.

Les reliques étaient confiées aux soins du marguillier ; les chapes et la cire, à ceux du chevecier ou *chefcier*, c'est-à-dire porté le *premier* sur les tablettes *de cire*, où l'on inscrivait les noms des ecclésiastiques, dans l'ordre de leurs dignités. Le marguillier, autrefois *marreglier*, chargé d'administrer les deniers d'une église, tenait registre *matricule* des recettes et dépenses.

15 *Abîme tout plutôt : c'est l'esprit de l'Église.*

Desmarets et Pradon ne manquèrent pas de crier au scandale, et d'accuser Boileau d'impiété : il répondit qu'il entendait ici par le mot *église*, non des pasteurs éclairés et vertueux, mais une troupe de ministres ignorans et calomniateurs, qui ne sont pas plus la véritable *église*, que le parterre de la foire n'est le public (*d'Alembert*).

16 *Ces vertus dans Aleth*, etc. Éloge aussi juste que mérité de Nicolas Pavillon, alors évêque d'Aleth. Peu de temps après la publication du *Lutrin*, il mourut à l'âge de quatre-vingts ans, et après trente-huit années d'un épiscopat illustré par toutes les vertus. Etienne Pavillon, de l'Académie française, et l'un des poètes français les plus agréables dans le genre léger, était neveu de ce digne prélat.

17 *Le sort, dit le prélat, vous servira de loi.* Imitation de l'Iliade (*liv. VII, v. 171.*)

18 *Il tourne le bonnet : l'enfant tire ; et Brontin...*

L'enfant tire.... Tout le monde est dans l'attente, et le vers s'arrête, suspendu, comme l'attention des spectateurs.

Et Brontin.... Son véritable nom était Frontin, prêtre du diocèse de Chartres et sous-marguillier de la Sainte-Chapelle.

19. *Le nom, le fameux nom du perruquier l'Amour.* Didier l'Amour demeurait dans la cour du palais ; il avait sa boutique sous l'escalier même de la Sainte-Chapelle ; il avait été témoin, et peut-être acteur dans ces fameuses querelles.

20 *Est l'unique souci d'Anne sa perruquière.* Anne du Buisson, seconde femme de Didier l'Amour. C'est avec la première qu'il se conduisait à peu près comme Sganarelle (du *Médecin malgré lui*) avec la sienne, c'est-à-dire qu'il *l'étrillait sans s'émou-*

voir : ce fut, si l'on en croit Ménage, ce Didier l'Amour qui donna à Molière l'idée de mettre en scène un mari qui de sang-froid bat sa femme.

21 *Boirude, sacristain*, etc. François Sirude, sous-marguillier, ou sous-sacristain de la Sainte-Chapelle. C'était lui qui, aux processions, portait ordinairement la croix.

CHANT II.

Cependant cet oiseau qui prône les merveilles,
Ce monstre composé de bouches et d'oreilles [1],
Qui, sans cesse volant de climats en climats,
Dit partout ce qu'il sait et ce qu'il ne sait pas ;
La Renommée enfin, cette prompte courrière,
Va d'un mortel effroi glacer la perruquière ;
Lui dit que son époux, d'un faux zèle conduit,
Pour placer un lutrin doit veiller cette nuit.
    A ce triste récit, tremblante, désolée,
Elle accourt, l'œil en feu, la tête échevelée,
Et trop sûre d'un mal qu'on pense lui céler :
    Oses-tu bien encor, traître, dissimuler ?
Dit-elle : et ni la foi que ta main m'a donnée [2],
Ni nos embrassemens qu'a suivis l'hyménée,
Ni ton épouse enfin toute prête à périr,
Ne sauraient donc t'ôter cette ardeur de courir !
Perfide, si du moins, à ton devoir fidèle,
Tu veillais pour orner quelque tête nouvelle !
L'espoir d'un juste gain [3] consolant la langueur
Pourrait de ton absence adoucir la longueur.
Mais quel zèle indiscret, quelle aveugle entreprise
Arme aujourd'hui ton bras en faveur d'une église ?
Où vas-tu, cher époux ? est-ce que tu me fuis [4] ?
As-tu donc oublié tant de si douces nuits ?
Quoi ! d'un œil sans pitié vois-tu couler mes larmes ?
Au nom de nos baisers jadis si pleins de charmes,
Si mon cœur, de tout temps facile à tes désirs,
N'a jamais d'un moment différé tes plaisirs ;
Si pour te prodiguer mes plus tendres caresses,
Je n'ai point exigé ni sermens ni promesses ;
Si toi seul à mon lit enfin eus toujours part,
Diffère au moins d'un jour ce funeste départ.

En achevant ces mots, cette amante enflammée
Sur un placet voisin tombe demi-pâmée.
Son époux s'en émeut, et son cœur éperdu
Entre deux passions demeure suspendu ;
Mais enfin rappelant son audace première :
    Ma femme, lui dit-il, d'une voix douce et
        fière,
Je ne veux point nier les solides bienfaits
Dont ton amour prodigue a comblé mes souhaits ;
Et le Rhin de ses flots ira grossir la Loire
Avant que tes faveurs sortent de ma mémoire.
Mais ne présume pas qu'en te donnant ma foi,
L'hymen m'ait pour jamais asservi sous ta loi.
Si le ciel en mes mains eût mis ma destinée,
Nous aurions fui tous deux le joug de l'hyménée,
Et, sans nous opposer ses devoirs prétendus,
Nous goûterions encor des plaisirs défendus.
Cesse donc à mes yeux d'étaler un vain titre :
Ne m'ôte pas l'honneur d'élever un pupitre ;
Et toi-même, donnant un frein à tes désirs,
Raffermis ma vertu qu'ébranlent tes soupirs.
Que te dirai-je enfin ? c'est le ciel qui m'appelle.
Une église, un prélat m'engage en sa querelle.
Il faut partir : j'y cours ; dissipe tes douleurs,
Et ne me trouble plus par ces indignes pleurs.
    Il la quitte à ses mots. Son amante effarée
Demeure le teint pâle et la vue égarée :
La force l'abandonne ; et sa bouche, trois fois
Voulant le rappeler, ne trouve plus de voix.
Elle fuit, et, de pleurs inondant son visage,
Seule pour s'enfermer vole au cinquième étage.
Mais, d'un bouge prochain accourant à ce bruit,
Sa servante Alizon la rattrape et la suit.
    Les ombres cependant, sur la ville épandues,
Du faîte des maisons descendent dans les rues ;
Le souper hors du chœur chasse les chapelains,
Et de chantres buvans les cabarets sont pleins.
Le redouté Brontin, que son devoir éveille,
Sort à l'instant, chargé d'une triple bouteille

D'un vin dont Gilotin, qui savait tout prévoir,
Au sortir du conseil, eut soin de le pourvoir.
L'odeur d'un jus si doux lui rend le faix moins rude :
Il est bientôt suivi du sacristain Boirude ;
Et tous deux, de ce pas, s'en vont avec chaleur
Du trop lent perruquier réveiller la valeur.
Partons, lui dit Brontin [5] : déjà le jour plus sombre,
Dans les eaux s'éteignant, va faire place à l'ombre.
D'où vient ce noir chagrin que je lis en tes yeux ?
Quoi ! le pardon sonnant te retrouve en ces lieux !
Où donc est ce grand cœur, dont tantôt l'allégresse
Semblait du jour trop long accuser la paresse ?
Marche, et suis-nous du moins où l'honneur nous
      attend.
    Le perruquier honteux rougit en l'écoutant.
Aussitôt de longs clous il prend une poignée :
Sur son épaule il charge une lourde cognée ;
Et derrière son dos, qui tremble sous le poids,
Il attache une scie en forme de carquois :
Il sort au même instant, il se met à leur tête.
A suivre ce grand chef l'un et l'autre s'apprête :
Leur cœur semble allumé d'un zèle tout nouveau :
Brontin tient un maillet ; et Boirude, un marteau.
La lune, qui du ciel voit leur démarche altière,
Retire en leur faveur sa paisible lumière [6].
La Discorde en sourit, et, les suivant des yeux,
De joie, en les voyant, pousse un cri dans les cieux.
L'air qui gémit du cri de l'horrible déesse,
Va jusque dans Cîteaux [7] réveiller la Mollesse.
C'est là qu'en un dortoir elle fait son séjour,
Les Plaisirs nonchalans folâtrent à l'entour ;
L'un pétrit dans un coin l'embonpoint des chanoines ;
L'autre broie en riant le vermillon des moines :
La Volupté la sert avec des yeux dévots,
Et toujours le Sommeil lui verse des pavots.
Ce soir, plus que jamais, en vain il les redouble.
La Mollesse à ce bruit se réveille, se trouble :
Quand la Nuit, qui déjà va tout envelopper,
D'un funeste récit vient encor la frapper ;

Lui conte du prélat l'entreprise nouvelle :
Aux pieds des murs sacrés d'une sainte chapelle,
Elle a vu trois guerriers, ennemis de la paix,
Marcher à la faveur de ses voiles épais :
La Discorde en ces lieux menace de s'accroître ; 8
Demain avant l'aurore un lutrin va paraître,
Qui doit y soulever un peuple de mutins.
Ainsi le ciel l'écrit au livre des destins.

   A ce triste discours, qu'un long soupir achève,
La Mollesse, en pleurant, sur un bras se relève,
Ouvre un œil languissant, et, d'une faible voix,
Laisse tomber ces mots qu'elle interrompt vingt fois :
O Nuit ! que m'as-tu dit? quel démon sur la terre
Souffle dans tous les cœurs la fatigue et la guerre ?
Hélas! qu'est devenu ce temps, cet heureux temps 9
Où les rois s'honoraient du nom de fainéans,
S'endormaient sur le trône, et, me servant sans
      honte,
Laissaient leur sceptre aux mains ou d'un maire ou
      d'un comte 10 ?
Aucun soin n'approchait de leur paisible cour :
On reposait la nuit, on dormait tout le jour.
Seulement au printemps, quand Flore dans les
      plaines
Faisait taire des vents les bruyantes haleines,
Quatre bœufs attelés, d'un pas tranquille et lent,
Promenaient dans Paris le monarque indolent.
Ce doux siècle n'est plus 11. Le ciel impitoyable
A placé sur le trône un prince infatigable.
Il brave mes douceurs, il est sourd à ma voix :
Tous les jours, il m'éveille au bruit de ses exploits.
Rien ne peut arrêter sa vigilante audace ;
L'été n'a point de feux, l'hiver n'a point de glace.
J'entends à son seul nom tous mes sujets frémir.
En vain deux fois la paix a voulu l'endormir :
Loin de moi son courage, entraîné par la gloire,
Ne se plaît qu'à courir de victoire en victoire.
Je me fatiguerais à te tracer le cours
Des outrages cruels qu'il me fait tous les jours.

Je croyais , loin des lieux d'où ce prince m'exile ,
Que l'Eglise du moins m'assurait un asile.
Mais en vain j'espérais y régner sans effroi :
Moines , abbés , prieurs , tout s'arme contre moi.
Par mon exil honteux la Trappe est ennoblie [12] ;
J'ai vu dans Saint-Denis la réforme établie ;
Le Carme , le Feuillant , s'endurcit aux travaux ;
Et la règle déjà se remet dans Clairveaux.
Cîteaux dormait encore , et la Sainte-Chapelle
Conservait du vieux temps l'oisiveté fidèle :
Et voici qu'un lutrin prêt à tout renverser ,
D'un séjour si chéri vient encor me chasser !
O toi , de mon repos compagne aimable et sombre [13],
A de si noirs forfaits prêteras-tu ton ombre ?
Ah ! Nuit , si tant de fois , dans les bras de l'amour ,
Je t'admis aux plaisirs que je cachais au jour ,
Du moins ne permets pas.... La Mollesse oppressée [14]
Dans sa bouche à ce mot sent sa langue glacée ;
Et , lasse de parler , succombant sous l'effort ,
Soupire , étend les bras , ferme l'œil , et s'endort.

NOTES.

---

1 *Ce monstre composé de bouches et d'oreilles...*
Virgile (*Enéide* , liv. *IV* , v. 173) ne se borne pas à
dire que le *monstre* est *composé de bouches* , etc. ;
il nous montre ces oreilles dressées, ces yeux toujours
ouverts, ces langues innombrables sans cesse en mouvement.

Voltaire , dans la *Henriade* , chant 8 , dit aussi
en parlant de la Renommée :

Ce monstre, composé d'yeux, de bouches, d'oreilles,
Qui célèbre des rois la honte ou les merveilles)

Qui rassemble *sous lui* la curiosité,
L'espoir, l'effroi, le doute et la crédulité.

Sous lui est bien prosaïque et bien mauvais.

2 . . . . *Ni la foi que ta main m'a donnée....*
Dans le premier chant du *Lutrin*, Boileau imite partout Homère. Dans ce second chant, c'est Virgile qui va subir la même métamorphose ; mais l'imitation, plus détournée d'abord, sera plus directe ici ; la traduction sera plus littérale : la *perruquière*, parlant le langage de la *reine*, offrira des traits d'un comique achevé. Voyez Virgile, Enéide, liv. iv, vers 307.

3 *L'espoir d'un juste gain*, etc. Le motif est digne de celle qui parle ; et elle ne dissimule pas que *l'espoir du gain* lui ferait trouver moins longue l'absence de son mari. Didon consentirait avec moins de regret au départ d'Enée, s'il la quittait pour relever les murs de Troie.

Les *Fragmens* de 1673 contiennent cette variante :

Oh ! si ta main, du moins, sous un rasoir fidèle,
Allait faire tomber quelque barbe nouvelle !
L'espoir du gain pourrait soulager mes ennuis.

Ta main, du moins, offre une consonne rude et désagréable à l'oreille : Boileau a bien fait de se corriger.

4 . . . . . . *Est-ce que tu me fuis ?*

Est-ce moi que tu fuis ? par ces pleurs, par ta foi,
(Puisque je n'ai plus rien qui te parle pour moi),
Par l'amour, dont mon cœur éprouve les supplices,
Par l'hymen, dont à peine il goûtait les délices,
. . . .
Romps cet affreux projet, et vois mon désespoir !
                    (Delille, *traduction de l'Enéide*.)

5 *Partons, lui dit Brontin*, etc. C'est Mercure, qui, par l'ordre de Jupiter, vient presser de nouveau le départ d'Enée. (*Enéide*, *liv.* IV, *vers* 560 *et suiv.*)

6 *Retire en leur faveur sa paisible lumière.*

Virgile, Enéide, liv. VI, vers 268 ;
et Voltaire, Henriade, chant II :

De ce mois malheureux l'inégale courrière
Semblait cacher d'effroi sa tremblante lumière.

7 *Va jusque dans Citeaux.* . . . . . . Célèbre abbaye de Bernardins, dont les religieux n'avaient point embrassé *la réforme* établie dans plusieurs maisons de leur ordre.

8 . . . . . . *menace de s'accroître.* On prononçait alors *s'accraître*, en faveur de la rime. Madame Deshoulière a écrit :

> Puisse durer, puisse *craître*
> L'ardeur de mon jeune amant,
> Comme feront sur ce *hêtre*
> Les marques de mon tourment !

Mais ce qu'il y a de plus singulier, dit Marmontel (*Préface de la Henriade*), c'est que *paraître*, en faveur de qui on prononçait *s'accraître*, changeait lui-même de prononciation en faveur de *cloître*. Nous avons vu dans Boileau, épître IV :

> L'honneur et la vertu n'osèrent plus *paroître :*
> La piété chercha les déserts et le *cloître.*

9 *Hélas ! qu'est devenu ce temps, cet heureux temps.* Le discours de la Politique, dans la Henriade (*chant* IV), est l'imitation fidèle de celui de la Mollesse. A peine la Politique a reconnu la Discorde, qu'elle court dans ses bras ; et, après quelques mots de compliment :

> Je ne suis plus, dit-elle, en ces temps bienheureux,
> Où les peuples séduits me présentaient leurs vœux;

Où la crédule Europe, à mon pouvoir soumise,
Confondait dans mes lois les lois de son Eglise.
Je parlais ; et soudain les rois humiliés
Du trône en frémissant descendaient à mes pieds.
Sur la terre, à mon gré, ma voix soufflait les guerres ;
Du haut du Vatican je lançais les tonnerres ;
Je tenais dans mes mains la vie et le trépas :
Je donnais, j'enlevais, je rendais les états.

10 *Laissaient leur sceptre aux mains ou d'un maire ou d'un comte.* On sait de quelle autorité jouissaient les *maires du palais*, sous les rois de la première race, et comment ils finirent par usurper le pouvoir souverain, dans la personne de Pépin-Héristel.

Le *comte* était le second officier de la couronne, et rendait la justice pour le roi.

11 *Ce doux siècle n'est plus*, etc. Voltaire, chant IV de la Henriade, fait dire à la Politique :

Cet heureux temps n'est plus. Le sénat de la France
Eteint presque en mes mains les foudres que je
        lance :
Plein d'amour pour l'Eglise, et pour moi plein d'hor-
        reur,
Il ôte aux nations le bandeau de l'erreur.
C'est lui qui, le premier, démasquant mon visage,
Vengea la vérité dont j'empruntais l'image.

12 *Par mon exil honteux la Trappe est ennoblie.* Allusion aux différentes réformes opérées à la Trappe, abbaye de saint-Bernard, par l'abbé Armand Bouthillier de Rancé ; à Saint-Denis et à Clairveaux, par le cardinal de La Rochefoucauld.

13 *O toi, de mon repos compagne aimable et sombre.* La Politique (*Henriade, chant* IV) conjure

également la Discorde d'unir ses efforts aux siens,
pour venger leur commune injure :

Allons, que tes flambeaux rallument mon tonnerre!
Commençons par la France à ravager la terre;
Que le prince et l'état retombent dans nos fers.

Ces vers ont un défaut, celui des rimes féminines et
masculines, qui offrent à l'oreille la même consonnance.

14 . . . . . . *la Mollesse oppressée...* Rapprochez de ce tableau le portrait de Valois, tracé par
Voltaire, (*Henriade, chant* III).

Valois se réveilla du sein de son ivresse.
Ce bruit, cet appareil, ce danger qui le presse,
Ouvrirent un moment ses yeux appesantis.
Mais du jour importun ses regards éblouis
Ne distinguèrent point, au fort de la tempête,
Les foudres menaçans qui grondaient sur sa tête;
Et bientôt fatigué d'un moment de réveil,
Las, et se rejetant dans les bras du sommeil,
Entre ses favoris, et parmi les délices,
Tranquille, il s'endormit au bord des précipices.

Boileau est le maître, et Voltaire l'élève, mais
quel élève !

CHANT III.

MAIS la Nuit aussitôt de ses ailes affreuses
Couvre des Bourguignons les campagnes vineuses,
Revole vers Paris, et, hâtant son retour,
Déjà de Mont-Lhéri voit la fameuse tour[1].
Ses murs, dont le sommet se dérobe à la vue,
Sur la cime d'un roc s'allongent dans la nue,
Et, présentant de loin leur objet ennuyeux,
Du passant qui le fuit semblent suivre les yeux.
Mille oiseaux effrayans, mille corbeaux funèbres
De ses murs désertés habitent les ténèbres.
Là, depuis trente hivers, un hibou retiré
Trouvait contre le jour un refuge assuré.
Des désastres fameux ce messager fidèle
Sait toujours des malheurs la première nouvelle,
Et, tout prêt d'en semer le présage odieux,
Il attendait la Nuit dans ces sauvages lieux.
Aux cris qu'à son abord vers le ciel il envoie,
Il rend tous ses voisins attristés de sa joie.
La plaintive Progné de douleur en frémit,
Et, dans les bois prochains, Philomèle en gémit,
Suis-moi, lui dit la Nuit. L'oiseau plein d'allégresse
Reconnaît à ce ton la voix de sa maîtresse.
Il la suit : et tous deux, d'un cours précipité,
De Paris à l'instant abordent la cité :
Là, s'élançant d'un vol que le vent favorise,
Ils montent au sommet de la fatale église.
La Nuit baisse la vue, et, du haut du clocher,
Observe les guerriers, les regarde marcher.
Elle voit le barbier qui, d'une main légère,
Tient un verre de vin qui rit dans la fougère ;
Et chacun tour à tour s'inondant de ce jus,
Célébrer, en buvant, Gilotin et Bacchus.

2

Ils triomphent, dit-elle, et leur âme abusée
Se promet dans mon ombre une victoire aisée :
Mais allons ; il est temps qu'ils connaissent la Nuit.
A ces mots, regardant le hibou qui la suit,
Elle perce les murs de la voûte sacrée ;
Jusqu'en la sacristie elle s'ouvre une entrée ;
Et dans le ventre creux du pupitre fatal,
Va placer de ce pas le sinistre animal.
    Mais les trois champions, pleins de vin et d'au-
        dace,
Du palais cependant passent la grande place ;
Et, suivant de Bacchus les auspices sacrés,
De l'auguste chapelle ils montent les degrés.
Ils atteignaient déjà le superbe portique
Où Ribou le libraire ², au fond de sa boutique,
Sous vingt fidèles clefs ³, garde et tient en dépôt
L'amas toujours entier des écrits de Haynaut ⁴ :
Quand Boirude, qui voit que le péril approche,
Les arrête, et, tirant un fusil de sa poche
Des veines d'un caillou, qu'il frappe au même instant,
Il fait jaillir un feu qui pétille en sortant :
Et bientôt, au brasier d'une mèche enflammée
Montre, à l'aide du soufre, une cire allumée.
Cet astre tremblotant, dont le jour les conduit,
Est pour eux un soleil au milieu de la nuit.
Le temple à sa faveur est ouvert par Boirude :
Ils passent de la nef la vaste solitude,
Et dans la sacristie entrant, non sans terreur,
En percent jusqu'au fond la ténébreuse horreur.
    C'est là que du lutrin gît la machine énorme :
La troupe quelque temps en admire la forme.
Mais le barbier, qui tient les momens précieux :
Ce spectacle n'est pas pour amuser nos yeux,
Dit-il, le temps est cher, portons-le dans le temple ;
C'est là qu'il faut demain qu'un prélat le contemple.
Et d'un bras, à ces mots, qui peut tout ébranler,
Lui-même, se courbant, s'apprête à le rouler.
Mais à peine il y touche, ô prodige incroyable !
Que du pupitre sort une voix effroyable.

Brontin en est ému, le sacristain pâlit :
Le perruqier commence à regretter son lit.
Dans son hardi projet toutefois il s'obstine ;
Lorsque des flancs poudreux de la vaste machine
L'oiseau sort en courroux, et d'un cri menaçant,
Achève d'étonner le barbier frémissant :
De ses ailes dans l'air secouant la poussière,
Dans la main de Boirude il éteint la lumière.
Les guerriers à ce coup demeurent confondus ;
Ils regagnent la nef, de frayeur éperdus :
Sous leurs corps tremblotans leurs genoux s'affai-
                    blissent,
D'une subite horreur leurs cheveux se hérissent ;
Et bientôt, au travers des ombres de la nuit,
Le timide escadron se dissipe et s'enfuit.
    Ainsi lorsqu'en un coin, qui leur tient lieu d'asile,
D'écoliers libertins une troupe indocile,
Loin des yeux d'un préfet au travail assidu,
Va tenir quelquefois un brelan défendu :
Si du veillant Argus la figure effrayante
Dans l'ardeur du plaisir à leurs yeux se présente,
Le jeu cesse à l'instant, l'asile est déserté,
Et tout fuit à grands pas le tyran redouté.
    La Discorde, qui voit leur honteuse disgrâce,
Dans les airs cependant tonne, éclate, menace,
Et, malgré la frayeur dont les cœurs sont glacés,
S'apprête à réunir ses soldats dispersés.
Aussitôt de Sidrac elle emprunte l'image :
Elle ride son front, allonge son visage,
Sur un bâton noueux laisse courber son corps,
Dont la chicane semble animer les ressorts ;
Prend un cierge en sa main, et d'une voix cassée,
Vient gourmander ainsi la troupe terrassée :
    Lâches, où fuyez-vous 5 ? quelle peur vous abat ?
Aux cris d'un vil oiseau vous cédez sans combat !
Où sont ces beaux discours jadis si pleins d'audace ?
Craignez-vous d'un hibou l'impuissante grimace ?
Que feriez-vous, hélas ! si quelque exploit nouveau
Chaque jour, comme moi, vous traînait au barreau.

S'il fallait, sans amis, briguant une audience,
D'un magistrat glacé soutenir la présence,
Ou, d'un nouveau procès hardi solliciteur,
Aborder sans argent un clerc de rapporteur?
Croyez-moi, mes enfans, je vous parle à bon titre :
J'ai moi seul autrefois plaidé tout un chapitre,
Et le barreau n'a point de monstres si hagards,
Dont mon œil n'ait cent fois soutenu les regards.
Tous les jours, sans trembler j'assiégeais leurs pas-
    sages.
L'Eglise était alors fertile en grands courages :
Le moindre d'entre nous, sans argent, sans appui,
Eût plaidé le prélat, et le chantre avec lui.
Le monde, de qui l'âge avance les ruines,
Ne peut plus enfanter de ces âmes divines :
Mais que vos cœurs, du moins, imitant leurs vertus,
De l'aspect d'un hibou ne soient point abattus.
Songez quel déshonneur va souiller votre gloire,
Quand le chantre demain entendra sa victoire.
Vous verrez, tous les jours, le chanoine insolent,
Au seul mot de hibou, vous sourire en parlant.
Votre âme, à ce penser, de colère murmure :
Allez donc de ce pas en prévenir l'injure ;
Méritez les lauriers qui vous sont réservés,
Et ressouvenez-vous [6] quel prélat vous servez.
Mais déjà la fureur dans vos yeux étincelle :
Marchez, courez, volez où l'honneur vous appelle.
Que le prélat, surpris d'un changement si prompt,
Apprenne la vengeance aussitôt que l'affront.
    En achevant ces mots, la déesse guerrière
De son pied trace en l'air un sillon de lumière ;
Rend aux trois champions leur intrépidité,
Et les laisse tout pleins de sa divinité.
    C'est ainsi, grand Condé, qu'en ce combat célèbre [7]
Où ton bras fit trembler le Rhin, l'Escaut et l'Ebre,
Lorsqu'aux plaines de Lens nos bataillons poussés
Furent presque à tes yeux ouverts et renversés,
Ta valeur, arrêtant les troupes fugitives,
Rallia d'un regard leurs cohortes craintives ;

Répandit dans leurs rangs ton esprit belliqueux,
Et força la victoire à te suivre avec eux.
    La colère à l'instant succédant à la crainte,
Ils rallument le feu de leur bougie éteinte :
Ils rentrent ; l'oiseau sort : l'escadron raffermi
Rit du honteux départ d'un si faible ennemi.
Aussitôt dans le chœur la machine emportée
Est sur le banc du chantre à grand bruit remontée.
Ses ais demi-pourris, que l'âge a relâchés,
Sont à coups de maillet unis et rapprochés.
Sous les coups redoublés tous les bancs retentissent ;
Les murs en sont émus, les voûtes en mugissent,
Et l'orgue même en pousse un long gémissement.
    Que fais-tu, chantre, hélas ! dans ce triste
        moment?
Tu dors d'un profond somme [8], et ton cœur sans
        alarmes
Ne sait pas qu'on bâtit l'instrument de tes larmes !
Oh ! que si quelque bruit, par un heureux réveil,
T'annonçait du lutrin le funeste appareil ;
Avant que de souffrir qu'on en posât la masse,
Tu viendrais en apôtre expirer dans ta place ;
Et, martyr glorieux d'un point d'honneur nouveau,
Offrir ton corps aux clous et ta tête au marteau.
    Mais déjà sur ton banc la machine enclavée
Est, durant ton sommeil, à ta honte élevée.
Le sacristain achève en deux coups de rabot ;
Et le pupitre enfin tourne sur son pivot.

NOTES.

---

1 *Déjà de Mont-Lhéri voit la fameuse tour.*
Mont-Lhéri, ou Mont-Lehéri, ainsi nommé de son
fondateur Létheric. La tour *fameuse* dont parle ici
Boileau, faisait partie du château-fort bâti à Mont-
Lhéri par Thibaud, premier baron de Montmorency ;

*2

assiégé, dans la suite, pris et ruiné par Louis-le-
Gros, à l'exception de la tour, dont il ne reste plus
que des ruines. Mont-Lhéri est célèbre encore par
la bataille sanglante qui s'y livra, en 1465, entre
Louis XI et le duc de Berry, son frère, secondé des
ducs de Bourgogne et de Bretagne.

2 *Où Ribou le libraire*, etc. Boileau adresse en
passant cette petite marque de souvenir au libraire
Ribou, en reconnaissance du zèle que ce libraire
avait mis à publier et à répandre les sottises imprimées
contre l'auteur du *Lutrin*, et entre autres *la Satire
des Satires*, comédie de Boursault, dont Boileau eut
le crédit d'empêcher la représentation.

3 *Sous vingt fidèles clefs*, etc. Ici Boileau ne
craint pas d'emprunter même à Chapelain, comme
Virgile empruntait à Ennius. On lit, au livre VIII
de *la Pucelle* de Chapelain, ce vers que Boileau n'a
pas dédaigné :

Sous vingt fidèles clefs le saint vase est serré.

4 *L'amas toujours entier des écrits de Haynaut.*
Boursault et Perrault avaient d'abord précédé Haynaut à la fin de ce vers; mais, après s'être succes-
sivement réconcilié avec les deux premiers, Boileau
fut obligé de s'en tenir à Haynaut, de la part duquel
il n'y avait plus de réclamation à craindre, ou de
réconciliation à espérer; car Haynaut était mort depuis plusieurs années.

5 *Lâches, où fuyez-vous?* etc. Il y a, dans ce
discours, plusieurs imitations de l'Iliade (chant I,
vers 254; et chant VII, vers 124).

6 *Et ressouvenez-vous*, etc. Cette expression
ressouvenez-vous, ne serait plus poétique aujour-
d'hui : l'était-elle du temps de Boileau? il faut le
croire puisqu'il l'a employée. L'on dirait maintenant :

Et rappelez-vous bien, etc.

(7) *C'est ainsi, grand Condé, qu'en ce combat célèbre.* La mémorable bataille de Lens, livrée par le prince de Condé, le 20 août 1648. La victoire dont elle fut suivie, inspira au poète Sarrasin une ode, où l'on trouve plusieurs strophes fort remarquables.

8 *Tu dors d'un profond somme,* etc. Il n'est pas indifférent, comme Le Brun le remarque avec goût, que l'épithète précède ou suive le substantif : on sent ici tout ce qu'à de comique le mot *somme* venant après *profond ;* le réveil doit être *terrible ;* il faut donc que le mot *somme*, l'idée principale, soit placé le dernier pour arrêter l'esprit du lecteur et faire image.

CHANT IV.

LES cloches, dans les airs, de leurs voix argentines,
Appelaient à grand bruit les chantres à matines;
Quand leur chef, [1] agité d'un sommeil effrayant,
Encor tout en sueur, se réveille en criant.
Aux élans redoublés de sa voix douloureuse,
Tous ses valets tremblans quittent la plume oiseuse:
Le vigilant Girot [2] court à lui le premier.
C'est d'un maître si saint le plus digne officier;
La porte dans le chœur à sa garde est commise:
Valet souple au logis, fier huissier à l'église [3].
    Quel chagrin, lui dit-il, trouble votre sommeil?
Quoi! voulez-vous au chœur prévenir le soleil?
Ah! dormez, et laissez à ces chantres vulgaires
Le soin d'aller sitôt mériter leurs salaires.
    Ami, lui dit le chantre, encor pâle d'horreur,
N'insulte point, de grâce, à ma juste terreur:
Mêle plutôt ici tes soupirs à mes plaintes,
Et tremble en écoutant le sujet de mes craintes.
Pour la seconde fois un sommeil gracieux
Avait sous ses pavots appesanti mes yeux:
Quand, l'esprit enivré d'une douce fumée,
J'ai cru remplir au chœur ma place accoutumée.
Là, triomphant aux yeux des chantres impuissans,
Je bénissais le peuple, et j'avalais l'encens:
Lorsque, du fond caché de notre sacristie,
Une épaisse nuée à longs flots est sortie,
Qui, s'ouvrant à mes yeux, dans son bleuâtre éclat,
M'a fait voir un serpent conduit par le prélat.
Du corps de ce dragon plein de soufre et de nitre,
Une tête sortait en forme de pupitre,
Dont le triangle affreux, tout hérissé de crins,
Surpassait en grosseur nos plus épais lutrins.

Animé par son guide, en sifflant il s'avance :
Contre moi sur mon banc je le vois qui s'élance.
J'ai crié, mais en vain : et, fuyant sa fureur,
Je me suis réveillé plein de trouble et d'horreur.
   Le chantre, s'arrêtant à cet endroit funeste,
A ses yeux effrayés laisse dire le reste.
Girot en vain l'assure [4], et, riant de sa peur,
Nomme sa vision l'effet d'une vapeur [5] :
Le désolé vieillard, qui hait la raillerie,
Lui défend de parler, sort du lit en furie.
On apporte à l'instant ses somptueux habits,
Où sur l'ouate molle éclate le tabis.
D'une longue soutane il endosse la moire,
Prend ses gants violets, les marques de sa gloire,
Et saisit, en pleurant, ce rochet qu'autrefois
Le prélat trop jaloux lui rogna de trois doigts [6].
Aussitôt d'un bonnet [7] ornant sa tête grise,
Déjà l'aumusse en main il marche vers l'église ;
Et, hâtant de ses ans l'importune langueur,
Court, vole, et, le premier, arrive dans le chœur.
   O toi qui, sur ces bords qu'une eau dormante
      mouille,
Vis combattre autrefois le rat et la grenouille ;
Qui, par les traits hardis d'un bizarre pinceau,
Mis l'Italie en feu pour la perte d'un seau [8],
Muse, prête à ma bouche une voix plus sauvage,
Pour chanter le dépit, la colère, la rage,
Que le chantre sentit allumer dans son sang,
A l'aspect du pupitre élevé sur son banc.
D'abord pâle et muet, de colère immobile,
A force de douleur, il demeura tranquille [9] :
Mais sa voix, s'échappant au travers des sanglots,
Dans sa bouche à la fin fit passage à ces mots :
La voilà donc, Girot, cette hydre épouvantable,
Que m'a fait voir un songe, hélas trop véritable !
Je le vois ce dragon tout prêt à m'égorger,
Ce pupitre fatal qui me doit ombrager !
Prélat, que t'ai-je fait ? quelle rage envieuse
Rend, pour me tourmenter, ton âme ingénieuse ?

Quoi ! même dans ton lit, cruel, entre deux draps,
Ta profane fureur ne se repose pas !
O ciel ! quoi ! sur mon banc une honteuse masse
Désormais me va faire un cachot de ma place !
Inconnu dans l'église, ignoré dans ce lieu,
Je ne pourrai donc plus être vu que de Dieu !
Ah ! plutôt qu'un moment cet affront m'obscurcisse,
Renonçons à l'autel, abandonnons l'office ;
Et, sans lasser le ciel par des chants superflus,
Ne voyons plus un chœur où l'on ne nous voit plus [10].
Sortons... Mais cependant mon ennemi tranquille
Jouira sur son banc de ma rage inutile,
Et verra dans le chœur le pupitre exhaussé
Tourner sur le pivot où sa main l'a placé !
Non, s'il n'est abattu, je ne saurais plus vivre.
A moi, Girot, je veux que mon bras m'en délivre.
Périssons, s'il le faut : mais de ses ais brisés
Entraînons en mourant les restes divisés.
     A ces mots, d'une main par la rage affermie,
Il saisissait déjà la machine ennemie,
Lorsqu'en ce sacré lieu, par un heureux hasard,
Entrent Jean le choriste, et le sonneur Girard [11],
Deux Manceaux renommés, en qui l'expérience
Pour les procès est jointe à la vaste science.
L'un et l'autre aussitôt prend part à son affront.
Toutefois condamnant un mouvement trop prompt :
Du lutrin, disent-ils, abattons la machine :
Mais ne nous chargeons pas tout seuls de sa ruine ;
Et que tantôt, aux yeux du chapitre assemblé,
Il soit sous trente mains en plein jour accablé.
     Ces mots des mains du chantre arrachent le
          pupitre.
J'y consens, leur dit-il ; assemblons le chapitre.
Allez donc de ce pas, par de saints hurlemens,
Vous-mêmes appeler les chanoines dormans.
Partez. Mais ce discours les surprend et les glace [12].
Nous ! qu'en ce vain projet, pleins d'une folle audace,
Nous allions, dit Girard, la nuit nous engager !
De notre complaisance osez-vous l'exiger ?

Hé ! Seigneur ! quand nos cris pourraient, du fond des
    rues,
De leurs appartemens percer les avenues,
Réveiller ces valets autour d'eux étendus,
De leur sacré repos ministres assidus,
Et pénétrer des lits au bruit inaccessibles ;
Pensez-vous, au moment que les ombres paisibles
A ces lits enchanteurs ont su les attacher,
Que la voix d'un mortel les en puisse arracher ?
Deux chantres feront-ils, dans l'ardeur de vous plaire,
Ce que, depuis trente ans, six cloches n'ont pu faire ?
    Ah ! je vois bien où tend tout ce discours trompeur,
Reprend le chaud vieillard : le prélat vous fait peur.
Je vous ai vus cent fois, sous sa main bénissante,
Courber servilement une épaule tremblante.
Hé bien ! allez ; sous lui fléchissez les genoux :
Je saurai réveiller les chanoines sans vous.
Viens, Girot, seul ami qui me reste fidèle :
Prenons du saint jeudi la bruyante crécelle ¹³ :
Suis-moi. Qu'à son lever le soleil aujourd'hui
Trouve tout le chapitre éveillé devant lui ¹⁴.
Il dit. Du fond poudreux d'une armoire sacrée
Par les mains de Girot la crécelle est tirée.
Ils sortent à l'instant, et, par d'heureux efforts,
Du lugubre instrument font crier les ressorts ¹⁵.
Pour augmenter l'effroi, la Discorde infernale
Monte dans le palais, entre dans la grand'salle,
Et, du fond de cet antre, au travers de la nuit,
Fait sortir le démon du tumulte et du bruit.
Le quartier alarmé n'a plus d'yeux qui sommeillent :
Déjà de toutes parts les chanoines s'éveillent :
L'un croit que le tonnerre est tombé sur les toits,
Et que l'église brûle une seconde fois ¹⁶ ;
L'autre, encore agité de vapeurs plus funèbres,
Pense être au jeudi-saint, croit que l'on dit ténèbres ;
Et déjà tout confus, tenant midi sonné,
En soi-même frémit de n'avoir point dîné.
    Ainsi, lorsque tout prêt à briser cent murailles,
Louis, la foudre en main, abandonnant Versailles,

Au retour du soleil et des zéphyrs nouveaux,
Fait dans les champs de Mars déployer ses drapeaux,
Au seul bruit répandu de sa marche étonnante,
Le Danube s'émeut, le Tage s'épouvante,
Bruxelle attend le coup qui la doit foudroyer,
Et le Batave encore est prêt à se noyer.
 Mais en vain dans leurs lits un juste effroi les
   presse :
Aucun ne laisse encor la plume enchanteresse.
Pour les en arracher Girot s'inquiétant,
Va crier qu'au chapitre un repas les attend.
Ce mot dans tous les cœurs répand la vigilance :
Tout s'ébranle, tout sort, tout marche en diligence.
Ils courent au chapitre, et chacun se pressant
Flatte d'un doux espoir son appétit naissant.
Mais, ô d'un déjeûner vaine et frivole attente !
A peine ils sont assis, que, d'une voix dolente,
Le chantre désolé, lamentant son malheur,
Fait mourir l'appétit et naître la douleur.
Le seul chanoine Evrard [17], d'abstinence incapable,
Ose encor proposer qu'on apporte la table.
Mais il a beau presser, aucun ne lui répond :
Quand, le premier rompant ce silence profond,
Alain tousse et se lève, Alain, ce savant, homme [18],
Qui de Bauni vingt fois a lu toute la Somme [19],
Qui possède Abéli, qui sait tout Raconis, [20]
Et même entend, dit-on, le latin d'A-Kempis [21].
 N'en doutez point, leur dit ce savant canoniste,
Ce coup part, j'en suis sûr, d'une main janséniste :
Mes yeux en sont témoins, j'ai vu moi-même hier
Entrer chez le prélat le chapelain Garnier [22].
Arnauld, cet hérétique ardent à nous détruire,
Par ce ministre adroit tente de le séduire.
Sans doute il aura lu dans son saint Augustin [23]
Qu'autrefois saint Louis érigea ce lutrin [24];
Il va nous inonder des torrens de sa plume.
Il faut, pour lui répondre, ouvrir plus d'un volume.
Consultons sur ce point quelque auteur signalé :
Voyons si des lutrins Bauni n'a point parlé :

Etudions enfin, il en est temps encore ;
Et, pour ce grand projet, tantôt dès que l'aurore
Rallumera le jour dans l'onde enseveli,
Que chacun prenne en main le moelleux Abéli [25].
   Ce conseil imprévu de nouveau les étonne :
Surtout le gras Évrard d'épouvante en frissonne.
Moi, dit-il, qu'à mon âge, écolier tout nouveau,
J'aille pour un lutrin me troubler le cerveau !
O le plaisant conseil ! Non, non, songeons à vivre ;
Va maigrir, si tu veux, et sécher sur un livre.
Pour moi, je lis la bible autant que l'alcoran [26] :
Je sais ce qu'un fermier me doit rendre par an ;
Sur quelle vigne à Reims nous avons hypothèque [27] :
Vingt muids rangés chez moi font ma bibliothèque.
En plaçant un pupitre on croit nous rabaisser :
Mon bras seul sans latin saura le renverser.
Que m'importe qu'Arnauld me condamne ou m'ap-
           prouve,
J'abats ce qui me nuit partout où je le trouve :
C'est là mon sentiment. A quoi bon tant d'apprêts ?
Du reste déjeûnons, messieurs, et buvons frais.
   Ce discours, que soutient l'embonpoint du visage,
Rétablit l'appétit, réchauffe le courage ;
Mais le chantre surtout en paraît rassuré.
Oui, dit-il, le pupitre a déjà trop duré.
Allons sur sa ruine assurer ma vengeance :
Donnons à ce grand œuvre une heure d'abstinence :
Et qu'au retour tantôt un ample déjeûner
Long-temps nous tienne à table et s'unisse au dîner.
   Aussitôt il se lève, et la troupe fidèle
Par ces mots attirans sent redoubler son zèle.
Ils marchent droit au chœur d'un pas audacieux,
Et bientôt le lutrin se fait voir à leurs yeux.
A ce terrible objet aucun d'eux ne consulte :
Sur l'ennemi commun ils fondent en tumulte,
Ils sapent le pivot, qui se défend en vain :
Chacun sur lui d'un coup veut honorer sa main.
Enfin sous tant d'efforts la machine succombe,
Et son corps entr'ouvert chancelle, éclate, et tombe :

Le Lutrin.   3

Tel sur les monts glacés des farouches Gelons, [18]
Tombe un chêne battu des voisins aquilons ;
Ou tel, abandonné de ses poutres usées,
Fond enfin un vieux toit sous ses tuiles brisées.
La masse est emportée, et ses ais arrachés
Sont aux yeux des mortels chez le chantre cachés.

NOTES.

1 *Quand leur chef*, etc. Le grand chantre, Jacques Barrin.

2 *Le vigilant Girot*, etc. Il s'appelait *Brunot*, et il regretta beaucoup que Boileau ne l'eût pas fait figurer ici sous son véritable nom. C'était un plaisir comme un autre.

3 *Valet souple au logis, fier huissier à l'église.* Ce Brunot était vraiment l'homme que peint ici le poète. Jamais le premier président de Lamoignon ne le voyait à la Sainte-Chapelle, dans l'exercice de ses fonctions de bedeau, sans se rappeler, et sans répéter involontairement le vers de Boileau.

4 *Girot en vain l'assure*, etc. *assurer* pour *rassurer*, est souvent employé par Corneille et par Racine. Corneille a dit dans *les Horaces :*

Un oracle *m'assure*, un songe me travaille.

Racine, dans *Athalie*, acte 2, scène 7 :

Princesse, *assurez-vous*, je les prends sous ma
garde.

Et dans *Esther*, acte 2, scène 7 :

O bonté, qui *m'assure*, autant qu'elle m'honore.

M'assure, dit avec raison Voltaire, à ce sujet, ne signifie pas *me rassure*, et c'est *me rassure* que l'auteur entend. Je suis effrayé, *on me rassure*. (C'est précisément le cas de Girot, à l'égard de son maitre.) *Assurer* avec un régime direct, ne s'emploie que pour *certifier* : *j'assure ce fait*.

5 *Nomme sa vision l'effet d'une vapeur*. Athalie (acte 2, scène 5) dit, en parlant du songe qu'elle vient de raconter :

Moi-même, quelque temps, honteuse de ma peur,
Je l'ai pris pour l'effet d'une sombre vapeur.

6 *Le prélat trop jaloux lui rogna de trois doigts*. En effet, le trésorier avait obtenu du parlement un arrêt qui condamnait le chantre à porter un *rochet plus court que le sien* : mais il ne put lui faire ôter la prérogative de donner *les bénédictions* en son absence : cruel fut pour lui le désappointement !

7 *Aussitôt d'un bonnet*, etc. « Ce vers, dit Brossette, est remarquable par la critique dont le roi l'a honoré. » Boileau avait mis d'abord :

Alors d'un *domino* couvrant sa tête grise,
Déjà l'*aumusse* en main, etc.

Mais le roi (Louis XIV) lui fit remarquer que le *domino* et l'*aumusse* ne pouvaient se trouver ensemble, attendu que le *domino* est l'habit de chœur que l'on porte l'hiver, et l'*aumusse*, l'habit d'été. « Ne soyez pas étonné, ajouta-t-il, que je sois si bien instruit de ces sortes d'usages : je suis chanoine en plusieurs églises. » Il l'était, en effet, de St-Jean de Latran, de St-Jean de Lyon, des églises d'Angers, du Mans, de St-Martin de Tours, et de quelques autres. Boileau, docile à la critique royale, substitua sur-le-champ le *bonnet* au *domino*.

8 *Mis l'Italie en feu pour la perte d'un seau.* C'est Alessandro Tassoni, auteur de *la Secchia ra-*

pita (le Seau enlevé) poème italien , héroï-satiro-
comique, en douze chants. Beaucoup de feu , de
gaîté , de légèreté , l'imagination brillante de l'A-
rioste en composent le fonds. Rien de plus varié , de
plus neuf que les comparaisons ; point de caractères
mieux frappés, mieux soutenus. Le Tassoni, comme
Boileau, appelle à son secours (*canto* 5 , *stro.* 23),
la muse qui chanta les rats et les grenouilles.

> Musa , tu che cantasti i fatti egregi
> Del rè de Topi, et de le Rane antiche ,
> Si che ne sono ancor fioriti i fregi
> Là per le piaggie d'Elicona apriche ;
> Tu dimmi i nomi e la possanza , edi pregi
> De le superbe nazion nemiche ,
> Ch'uniron l'armi a danno , ed à ruina
> De la città de la salcicicia fina.

Muse, toi qui naguère as chanté les hauts faits des
rats et des grenouilles ; toi, par qui les collines élevées
de l'Hélicon retentissent encore de leurs brillans
exploits ; dis-moi les noms, la puissance et les forces
de ces nations superbes qui ont entraîné la chute et
la ruine de la cité où se fit la première saucisse.

(Traduction nouvelle de l'Editeur.)

La fin si burlesque et si heureuse de cette strophe
de *la Secchia*, rappelle le quatrième vers du premier
chant du *Lutrin.*

9 *A force de douleur, il demeura tranquille.*
On a dit que *les grandes douleurs sont muettes ;*
mais

> Les faibles déplaisirs s'amusent à parler.

(Corneille.)

10 *Ne voyons plus un chœur où l'on ne nous
voit plus.* Les *Fragmens* de 1673 contiennent cette
variante :

> Retirons-nous d'un chœur où l'on ne nous voit plus.

11 *Entrent Jean le choriste , et le sonneur*

Girard. Le premier est un personnage supposé : quant au sonneur Girard, il était mort plusieurs années avant la composition du *Lutrin*, victime d'un pari par lequel il s'était engagé à traverser neuf fois la Seine à la nage. Il paraît qu'il était né pour les entreprises périlleuses ; car Boileau, encore écolier, l'avait vu déboucher et vider gaîment une bouteille de vin sur le bord du toit de la Sainte-Chapelle, en présence d'une foule immense, glacée d'effroi pour l'intrépide sonneur.

12 *Partez. Mais ce discours les surprend et les glace.* Ce vers et les trois suivans en ont remplacé huit, qui, dans les éditions antérieures à 1701, se lisent de cette manière :

Partez. Mais à ce mot les champions pâlissent,
De l'honneur du péril leurs courages frémissent.
Ah ! seigneur, dit Girard, que nous demandez-vous ?
De grâce, modérez un aveugle courroux.
Nous pourrions réveiller des chantres et des moines ;
Mais, même avant l'aurore, éveiller des chanoines ?
Qui jamais l'entreprit ? qui l'oserait tenter ?
Est-ce un projet, ô ciel ! qu'on puisse exécuter ?
Ah ! seigneur, etc.

13 *Prenons du saint jeudi la bruyante crécelle.* Crécelle, moulinet de bois avec lequel on faisait alors du bruit, pour appeler les fidèles à l'office pendant les jours de la semaine sainte, où les cloches ne se font point entendre. Cet instrument a pris son nom de l'oiseau de proie, *la Crécerelle*, dont il imite le cri aigre et lugubre.

14 *Trouve tout le chapitre éveillé devant lui.* Du temps de Racine et de Boileau, la préposition *devant* s'employait indifféremment pour marquer l'ordre du temps ou celui des places. L'usage en a depuis déterminé l'emploi ; et, d'après cette décision, c'est *avant lui* que le soleil devrait trouver le chapitre *éveillé*, si l'hiatus le permettait.

15 *Du lugubre instrument font crier les res-sorts.* Les *R* sont ici multipliés à dessein. L'abbé Delille, dans sa traduction, a rendu heureusement le vers 143 du 1ᵉʳ livre des Géorgiques de Virgile, par ce vers imitatif :

J'entends crier la dent de la lime mordante.

16 *Et que l'église brûle une seconde fois.* Allusion à l'incendie, qui, en 1630, consuma le toit de la Sainte-Chapelle.

17 *Le seul chanoine Evrard*, etc. L'abbé d'Ense. Le portrait est un peu chargé ; mais le personnage réel en avait fourni les traits principaux.

18 *Alain tousse et se lève, Alain, ce savant homme.* Le poète désigne ici le chanoine Aubery, qui ne parlait jamais sans avoir préalablement toussé deux ou trois fois. C'était un des plus fougueux adversaires du jansénisme : du reste, homme fort borné, et si simple, qu'il lut, dit-on, plusieurs fois le *Lutrin*, sans s'y reconnaître. Son frère, Antoine Aubery, avocat au conseil, est auteur d'une *Histoire générale des cardinaux* ; des *Biographies spéciales des cardinaux de Joyeuse et de Richelieu*, et de plusieurs autres ouvrages estimables.

19 *Qui de Bauni vingt fois a lu toute la Somme.* Bauni, jésuite, auteur du livre intitulé : *la Somme des péchés que l'on peut commettre dans tous les états.* Cet ouvrage parut en 1634.

20 *Qui possède Abéli, qui sait tout Raconis.* Abra de Raconis, évêque de Lavaur, fit imprimer un grand nombre de volumes, par exemple trois in-4°, contre le livre d'Arnauld, sur la fréquente communion. Un des passe-temps du cardinal de Richelieu, était de faire venir Raconis, et de lui ordonner de prêcher à l'instant sur un sujet indiqué, et sur un texte qui n'avait aucun rapport à ce sujet.

Raconis commençait aussitôt, et ne finissait que lorsque Richelieu le faisait taire.

21 *Et même entend, dit-on, le latin d'A-Kempis.* Grand effort de génie! on sait que le mérite de la latinité n'est pas ce qui distingue le livre (excellent, du reste,) de l'*Imitation de Jésus-Christ* ; livre long-temps attribué, et vivement disputé depuis, au pieux A-Kempis.

22 *Entre chez le prélat le chapelain Garnier.* Louis Le Fournier, chapelain perpétuel de la Sainte-Chapelle. Il n'avait pris aucune part dans les démêlés du chantre et du trésorier ; mais ses liaisons avec le docteur Arnauld lui donnaient, aux yeux de ses confrères, une teinte de jansénisme, qui lui vaut ici ce petit trait de satire.

23 *Sans doute il aura lu dans son saint Augustin.* Double allusion à l'étude particulière que le docteur Arnauld avait faite des ouvrages de saint Augustin, et à la chaleur avec laquelle il avait embrassé et défendu ses doctrines sur la grâce.

24 *Qu'autrefois saint Louis érigea ce lutrin.* Il y a un intervalle d'environ huit cents ans entre saint Augustin et saint Louis, fondateur de la Sainte-Chapelle. Quel anachronisme, monsieur le docteur !

25 *Que chacun prenne en main le moelleux Abéli.* L'auteur, dit Baylé (article Abéli), a mis une note qui explique la raison de l'épithète *moelleux;* et il a fort bien fait. Quand je songe aux conjectures que formeraient les critiques, si la langue française avait un jour le destin qu'a eu la langue latine, et que les œuvres de M. Despréaux se conservassent, je me représente bien des chimères. Car, supposons que *la Moelle Théologique* de M. Abéli fût entièrement perdue, et qu'il n'y eût point de note à la marge du *Lutrin*, quels mouvemens les critiques ne se donne-

raient-ils pas pour trouver la raison de cette épithète? Je m'imagine que quelqu'un, mal satisfait des
conjectures de ses prédécesseurs, dirait enfin que
l'écrivain Abéli avait été caractérisé par cette épithète,
parce qu'on avait voulu faire allusion *aux offrandes
d'Abel*, qui ne furent pas *sèches* comme celles de
Caïn, mais un véritable sacrifice de *bêtes*, etc. Plus
il serait docte, plus on le verrait courir d'extravagance en extravagance, et accumuler des chimères.

Le *moelleux* théologien n'entendit pas raillerie;
il se plaignit hautement, et cita Boileau au tribunal
de Dieu. Abéli mourut le 4 octobre 1691, dans la
maison de Saint-Lazare, où il s'était retiré, après
avoir donné la démission de son évêché de Rhodez.

26 *Pour moi, je lis la Bible autant que l'Alcoran.* C'est le *Koran* que Boileau a voulu dire. On
fait bien souvent cette faute : *Al* est l'article en turk;
ainsi, dire l'*Alcoran*, en français, c'est comme si
l'on disait le *le Koran;* il y a là double emploi de
l'article, il faut dire en français, le *Koran*.

27 *Sur quelle vigne à Reims nous avons hypothèque.* «L'abbaye de Saint-Nicaise de Reims, qui
vaut seize mille livres de revenu à la Sainte-Chapelle,
ayant été unie par le roi Louis XIII, du temps du cardinal de Richelieu, chaque chanoine doit avoir, tous
les ans, un muid de vin de Reims: mais cela s'appré-
cie, et on emploie cet argent aux dépenses nécessaires
à la Sainte-Chapelle. Comme les vendanges font un
des principaux revenus de cette abbaye, le capitulant
avait raison de dire : «*Je sais sur quelle vigne nous
avons hypothèque.* »

(*Lettre de l'abbé Boileau à Brossette, du 12 Février 1703*).

28 *Tel sur les monts glacés des farouches
Gélons.* Les Gélons habitaient la Sarmatie, et étaient
voisins du Borysthène, aujourd'hui le Niéper, fleuve

qui prend sa source en Russie, entre Woloch et
Oleschno, passe dans la Pologne, et se jette dans la
mer Noire auprès d'Oczakow. Les cataractes de ce
fleuve, qui sont à quarante lieues au-dessus de son
embouchure, et le grand nombre de ses îles empê-
chaient qu'il fût navigable au-delà. En 1784, Ca-
therine II en a fait sauter quelques rochers, mais
sans beaucoup de succès.

CHANT V'.

L'AURORE cependant, d'un juste effroi troublée,
Des chanoines levés voit la troupe assemblée,
Et contemple long-temps avec des yeux confus,
Ces visages fleuris qu'elle n'a jamais vus.
Chez Sidrac aussitôt Brontin d'un pied fidèle
Du pupitre abattu va porter la nouvelle.
Le vieillard de ses soins bénit l'heureux succès,
Et sur un bois détruit bâtit mille procès.
L'espoir d'un doux tumulte échauffant son courage,
Il ne sent plus le poids ni les glaces de l'âge,
Et chez le trésorier, de ce pas, à grand bruit,
Vient étaler au jour les crimes de la nuit.
    Au récit imprévu de l'horrible insolence,
Le prélat hors du lit impétueux s'élance.
Vainement d'un breuvage à deux mains apporté
Gilotin avant tout le veut voir humecté :
Il veut partir à jeun. Il se peigne, il s'apprête :
L'ivoire trop hâté deux fois rompt sur sa tête,
Et deux fois de sa main le buis tombe en morceaux :
Tel Hercule filant rompait tous les fuseaux.
Il sort demi-paré. Mais déjà sur sa porte
Il voit de saints guerriers une ardente cohorte,
Qui tous, remplis pour lui d'une égale vigueur,
Sont prêts, pour le servir, à déserter le chœur.
Mais le vieillard condamne un projet inutile.
Nos destins sont, dit-il, écrits chez la Sibylle :
Son antre n'est pas loin ; allons la consulter,
Et subissons la loi qu'elle va nous dicter.
Il dit : à ce conseil, où la raison domine,
Sur ses pas au barreau la troupe s'achemine,
Et bientôt, dans le temple, entend, non sans frémir,
De l'antre redouté les soupiraux gémir.

Entre ces vieux appuis dont l'affreuse grand'salle
Soutient l'énorme poids de sa voûte infernale,
Est un pilier fameux [2] des plaideurs respecté,
Et toujours de Normands à midi fréquenté.
Là, sur des tas poudreux de sacs et de pratique,
Hurle, tous les matins, une Sibylle étique :
On l'appelle Chicane ; et ce monstre odieux
Jamais pour l'équité n'eut d'oreilles ni d'yeux.
La Disette au teint blême, et la triste Famine,
Les Chagrins dévorans, et l'infâme Ruine,
Enfans infortunés de ses raffinemens,
Troublent l'air d'alentour de longs gémissemens.
Sans cesse feuilletant les lois et la coutume,
Pour consumer autrui, le monstre se consume ;
Et, dévorant maisons, palais, châteaux entiers,
Rend pour des monceaux d'or de vains tas de papiers.
Sous le coupable effort de sa noire insolence,
Thémis a vu cent fois chanceler sa balance.
Incessamment il va de détour en détour :
Comme un hibou, souvent il se dérobe au jour :
Tantôt, les yeux en feu, c'est un lion superbe ;
Tantôt, humble serpent, il se glisse sous l'herbe.
En vain, pour le dompter, le plus juste des rois [3]
Fit régler le cahos des ténébreuses lois :
Ses griffes, vainement par Puss rt accou ées,
Se rallongent déjà, toujours d'encre noircies ;
Et ses ruses, perçant et digues et remparts,
Par cent brèches déjà rentrent de toutes parts.
    Le vieillard humblement l'aborde et le salue ;
Et faisant, avant tout, briller l'or à sa vue :
Reine des longs procès, dit-il, dont le savoir
Rend la force inutile, et les lois sans pouvoir,
Toi, pour qui dans le Mans le laboureur mois-
        sonne,
Pour qui naissent à Caen tous les fruits de l'automne :
Si, dès mes premiers ans, heurtant tous les mortels,
L'encre a toujours coulé pour moi sur tes autels,
Daigne encor me connaître en ma saison dernière.
D'un prélat qui t'implore exauce la prière.

Un rival orgueilleux, de sa gloire offensé,
A détruit le lutrin par nos mains redressé.
Épuise en sa faveur ta science fatale :
Du digeste et du code ouvre-nous le dédale ;
Et montre-nous cet art, connu de tes amis,
Qui, dans ses propres lois, embarrasse Thémis.
La Sibylle, à ces mots, déjà hors d'elle-même,
Fait lire sa fureur sur son visage blême,
Et, pleine du démon qui la vient oppresser,
Par ces mots étonnans tâche à le repousser :
      Chantres, ne craignez plus une audace insensée.
Je vois, je vois au chœur la masse replacée :
Mais il faut des combats. Tel est l'arrêt du sort.
Et surtout évitez un dangereux accord.
      Là bornant son discours, encor tout écumante,
Elle souffle aux guerriers l'esprit qui la tour-
                  mente,
Et dans leurs cœurs brûlans de la soif de plaider,
Verse l'amour de nuire, et la peur de céder.
      Pour tracer à loisir une longue requête,
A retourner chez soi leur brigade s'apprête.
Sous leurs pas diligens le chemin disparoît [4],
Et le pilier, loin d'eux déjà baisse et décroît.
      Loin du bruit cependant les chanoines à table
Immolent... te mets à leur faim indomptable.
Leur appétit fougueux, par l'objet excité,
Parcourt tous les recoins d'un monstrueux pâté ;
Par le sel irritant la soif est allumée :
Lorsque d'un pied léger la prompte Renommée,
Semant partout l'effroi, vient au chantre éperdu
Conter l'affreux détail de l'oracle rendu.
Il se lève, enflammé de muscat et de bile,
Et prétend à son tour consulter la Sibylle [5].
Evrard a beau gémir du repas déserté,
Lui-même est au barreau par le nombre emporté.
Par les détours étroits d'une barrière oblique,
Ils gagnent les degrés et le perron antique
Où, sans cesse étalant bons et méchans écrits,
Barbin vend aux passans des auteurs à tout prix [6].

Là le chantre à grand bruit arrive et se fait place,
Dans le fatal instant que, d'une égale audace,
Le prélat et sa troupe, à pas tumultueux,
Descendaient du palais l'escalier tortueux;
L'un et l'autre rival, s'arrêtant au passage,
Se mesure des yeux, s'observe, s'envisage;
Une égale fureur anime leurs esprits :
Tels deux fougueux taureaux, de jalousie épris,
Auprès d'une génisse au front large et superbe,
Oubliant, tous les jours, le pâturage et l'herbe,
A l'aspect l'un de l'autre embrasés, furieux,
Déjà le front baissé se menacent des yeux.
Mais Evrard, en passant coudoyé par Boirude,
Ne sait point contenir son aigre inquiétude :
Il entre chez Barbin, et, d'un bras irrité,
Saisissant du Cyrus un volume écarté,
Il lance au sacristain le tome épouvantable [7].
Boirude fuit le coup : le volume effroyable
Lui rase le visage, et droit dans l'estomac,
Va frapper en sifflant l'infortuné Sidrac.
Le vieillard, accablé de l'horrible Artamène,
Tombe aux pieds du prélat, sans pouls et sans haleine.
Sa troupe le croit mort, et chacun empressé,
Se croit frappé du coup dont il le voit blessé.
Aussitôt contre Evrard vingt champions s'élancent :
Pour soutenir leur choc les chanoines s'avancent.
La Discorde triomphe, et du combat fatal
Par un cri donne en l'air l'effroyable signal.

Chez le libraire absent tout entre, tout se mêle :
Les livres sur Evrard fondent comme la grêle,
Qui, dans un grand jardin, à coups impétueux,
Abat l'honneur naissant des rameaux fructueux.
Chacun s'arme au hasard du livre qu'il rencontre :
L'un tient l'Edit d'Amour, l'autre en saisit la
      Montre : [8]
L'un prend le seul Jonas [9] qu'on ait vu relié;
L'autre un Tasse français [10] en naissant oublié.
L'élève de Barbin, commis à la boutique,
Veut en vain s'opposer à leur fureur gothique;

Les volumes, sans choix à la tête jetés,
Sur le perron poudreux volent de tous côtés :
Là, près d'un Guarini, Térence tombe à terre :
Là, Xénophon dans l'air heurte contre un La Serre.
Oh ! que d'écrits obscurs, de livres ignorés,
Furent en ce grand jour de la poudre tirés !
Vous en fûtes tirés, Almerinde et Simandre :
Et toi, rebut du peuple, inconnu Caloandre ¹¹
Dans ton repos, dit-on, saisi par Gaillerbois ¹²,
Tu vis alors le jour pour la première fois.
Chaque coup sur la chair laisse une meurtrissure ;
Déjà plus d'un guerrier se plaint d'une blessure.
D'un Le Vayer épais Girant est renversé ¹³ :
Marineau, d'un Brébeuf à l'épaule blessé,
En sent par tout le bras une douleur amère,
Et maudit la Pharsale aux provinces si chère.
D'un Pinchêne in-quarto Dodillon étourdi ¹⁴
A long-temps le teint pâle et le cœur affadi.
Au plus fort du combat le chapelain Garagne ¹⁵,
Vers le sommet du front atteint d'un Charlemagne,
(Des vers de ce poëme effet prodigieux !)
Tout prêt à s'endormir, bâille, et ferme les yeux.
A plus d'un combattant la Clélie est fatale :
Girant dix fois par elle éclate et se signale.
Mais tout cède aux efforts du chanoine Fabri ¹⁶.
Ce guerrier, dans l'église aux querelles nourri,
Est robuste de corps, terrible de visage,
Et de l'eau dans son vin n'a jamais su l'usage ¹⁷.
Il terrasse lui seul et Guibert et Grasset,
Et Gorillon la basse, et Grandin le fausset,
Et Gerbais l'agréable, et Guérin l'insipide.
   Des chantres désormais la brigade timide
S'écarte, et du palais regagne les chemins,
Telle, à l'aspect d'un loup, terreur des champs
                     voisins,
Fuit d'agneaux effrayés une troupe bêlante :
Ou tels devant Achille, aux campagnes du Xanthe,
Les Troyens se sauvaient à l'abri de leurs tours.
Quand Brontin à Boirude adresse ce discours :

Illustre porte-croix, par qui notre bannière
N'a jamais en marchant fait un pas en arrière [18],
Un chanoine, lui seul triomphant du prélat,
Du rochet à nos yeux ternira-t-il l'éclat ?
Non, non : pour te couvrir de sa main redoutable,
Accepte de mon corps l'épaisseur favorable.
Viens. et, sous ce rempart à ce guerrier hautain
Fais voler ce Quinault qui me reste à la main.
A ces mots, il lui tend le doux et tendre ouvrage.
Le sacristain, bouillant de zèle et de courage,
Le prend, se cache, approche, et, droit entre les
        yeux,
Frappe du noble écrit l'athlète audacieux.
Mais c'est pour l'ébranler une faible tempête,
Le livre sans vigueur mollit contre sa tête.
Le chanoine les voit, de colère embrasé :
Attendez, leur dit-il, couple lâche et rusé,
Et jugez si ma main, aux grands exploits novice,
Lance à mes ennemis un livre qui mollisse.
A ces mots il saisit un vieil Infortiat [19],
Grossi des visions d'Accurse et d'Alciat [20],
Inutile ramas de gothique écriture,
Dont quatre ais mal unis formaient la couverture,
Entourée à demi d'un vieux parchemin noir,
Où pendait à trois clous un reste de fermoir.
Sur l'ais qui le soutient auprès d'un Avicenne [21],
Deux des plus forts mortels l'ébranleraient à peine :
Le chanoine pourtant l'enlève sans effort,
Et, sur le couple pâle et déjà demi-mort,
Fait tomber à deux mains l'effroyable tonnerre.
Les guerriers de ce coup vont mesurer la terre,
Et, du bois et des clous meurtris et déchirés,
Long-temps, loin du perron, roulent sur les degrés.
    Au spectacle étonnant de leur chute imprévue,
Le prélat pousse un cri qui pénètre la nue.
Il maudit dans son cœur le démon des combats,
Et de l'horreur du coup il recule six pas.
Mais bientôt, rappelant son antique prouesse,
Il tire du manteau sa dextre vengeresse ;

Il part, et, de ses doigts saintement alongés [22],
Bénit tous les passans, en deux files rangés.
Il sait que l'ennemi, que ce coup va surprendre,
Désormais sur ses pieds ne l'oserait attendre,
Et déjà voit pour lui tout le peuple en courroux
Crier aux combattans : Profanes à genoux [23] !
Le chantre, qui de loin voit aprocher l'orage [24],
Dans son cœur éperdu cherche en vain du courage :
Sa fierté l'abandonne, il tremble, il cède, il fuit.
Le long des sacrés murs sa brigade le suit :
Tout s'écarte à l'instant, mais aucun n'en réchappe ;
Partout le doigt vainqueur les suit et les rattrape.
Evrard seul, en un coin prudemment retiré [25],
Se croyait à couvert de l'insulte sacré [26] :
Mais le prélat vers lui fait une marche adroite :
Il l'observe de l'œil ; et tirant vers la droite,
Tout d'un coup tourne à gauche, et d'un bras fortuné,
Bénit subitement le guerrier consterné.
Le chanoine, surpris de la foudre mortelle,
Se dresse, et lève en vain une tête rebelle :
Sur ses genoux tremblans il tombe à cet aspect,
Et donne à la frayeur ce qu'il doit au respect.
Dans le temple aussitôt le prélat, plein de gloire,
Va goûter les doux fruits de sa sainte victoire :
Et de leur vain projet les chanoines punis
S'en retournent chez eux, éperdus, et bénis.

NOTES.

1 CHANT CINQUIÈME. Ce chant et le suivant ne furent publiés qu'en 1683, neuf ans après le succès des quatre premiers. Boileau n'avait pas besoin que Desmarets et Pradon l'avertissent que le nœud de l'intrigue formée au quatrième chant, attendait un dénouement quelconque. Lui-même avait exprimé, dans la préface de 1674, le regret de ne point don-

ner au public cette bagatelle *achevée*. Il prit donc son temps pour l'achever.

2 *Est un pilier fameux*, etc. Le *Pilier* dit alors *des consultations;* les avocats s'y rassemblaient, et c'est là qu'on venait les consulter.

3 *En vain pour le dompter, le plus juste des rois.* Allusion aux ordonnances du roi Louis XIV, publiées en 1670 et 1677, pour abréger les procédures. Ce fut l'un des actes qui honorèrent le plus le ministère de Colbert, puissamment secondé dans cette occasion par Pussort, son oncle. La France entière applaudit, excepté la *chicane* et ses suppôts.

4 *Sous leurs pas diligens le chemin disparoît,*
  Et le pilier, loin d'eux, déjà baisse et décroît.

Imitation de Chapelain, qui dit (*Pucelle d'Orléans, Livre. v*) :

. . . . Chinon baissé décroît,
S'éloigne, se blanchit, s'efface et disparoît.

Décroît et *disparoît*, qui rimaient alors, ne rimeraient plus aujourd'hui, que l'on prononce *décroît*, tel qu'il est écrit, et *disparoît*, comme s'il était toujours écrit *disparaît*.

5 *Et prétend à son tour consulter la Sibylle.* Le chantre ayant fait enlever le Lutrin que l'on avait mis devant son siége, se pourvut aux requêtes du palais, où il fit assigner le trésorier. De son côté, le trésorier s'adressa à l'*official* de la Sainte-Chapelle, devant qui le chantre fut assigné, à la requête du promoteur. Sur ce conflit de juridiction, l'instance fut évoquée aux requêtes du palais, par sentence du 5 août 1667.

6 *Barbin vend aux passans des auteurs à tout prix.* Barbin se piquait, dit Boileau, de savoir vendre les livres les plus détestables : de nos jours, il y a des Barbins qui font la même chose, à grand renfort d'annonces et de primes.

7 *Il lance au sacristain le tome épouvantable.*
Le tome *épouvantable*, le volume *effroyable*, et plus
bas l'*horrible* Artamène, caractérisent à la fois
l'épaisseur démesurée de ces énormes *in-octavo*,
composés chacun de douze à treize cents pages, et l'af-
fectation des épithètes ridiculement prodiguées par
Scudéry, l'auteur de ces Romans.

8 *L'un tient l'Edit d'Amour, l'autre en saisit
la Montre.* L'*Edit d'Amour*, petit poème de l'abbé
Regnier Desmarets, et l'un de ses meilleurs ouvrages
en vers français. Il réussit beaucoup mieux dans la
poésie italienne, et fit passer, en Italie même, une
de ses pièces pour être de Pétrarque. Il n'eût pas fait
passer ses vers français sous le nom d'un grand poète,
a dit Voltaire.

La Montre, petit poème de Bonnecorse.

9 *L'un prend le seul Jonas*, etc. *Jonas*, ou *Ni-
nive Pénitente*, poème de Jacques Coras, publié en
1663. Boileau en a déjà parlé dans la Satire et dans
l'Epitre IX.

10 *L'autre un Tasse français*, etc. Les cinq
premiers chants de la *Jérusalem Délivrée*, traduits
en vers français par Michel Leclerc, de l'Académie
française ; le même qui fit représenter une *Iphigénie*,
six mois après celle de Racine. Voici un échantillon
du style de ce *rival* de Racine.

Les Grecs, prêts à partir, brûlaient d'impatience
D'aller faire sur Troie éclater leur vengeance ;
Lorsqu'un calme soudain répandu sur les eaux,
Près ce triste rivage arrêta nos vaisseaux.
Par mille et mille vœux contre cette infortune,
On brigua les faveurs d'Eole et de Neptune ;
. . . .
Calchas, enfin pressé de l'esprit furieux,
Qui prononce aux mortels les oracles des dieux,
De la part de Diane a rendu cet oracle,
Qu'il nous faut accomplir, pour surmonter l'obstacle

Qui de notre vengeance arrête le dessein.
Entends, Oronte, entends cet oracle inhumain !

Les Romantiques de nos jours, qui ont honoré
Racine de leurs injures, préféreraient-ils ces vers de
Michel Leclerc à ceux de Racine ? Peut-être !...

11 *Et toi, rebut du peuple, inconnu Caloandre.*
Roman fameux de Jean-Ambroise Marini. La première partie parut en 1640, sous le titre de *Eudimiro
creduto Uranio;* la seconde fut publiée, l'année suivante, sous le titre de *Caloandro sconosciuto*, et la
totalité de l'ouvrage fut mise au jour en 1652, avec
le titre que le poème a conservé depuis, *Il Caloandro
fedele.* Scudéry n'en traduisit qu'une partie, et c'est
la traduction seule que Boileau attaque ici, car l'ouvrage original est plein d'imagination, l'intrigue en
est attachante, et les caractères sont développés avec
art. Il a fourni à Thomas Corneille le sujet de sa
tragédie de *Timocrate;* et à La Calprenède le meilleur épisode de son roman de *Cléopâtre.*

12 *Dans ton repos, dit-on, saisi par Gaillerbois.*
Pierre Tardieu, sieur de Gaillerbois, avait été chanoine de la Sainte-Chapelle ; il était frère du lieute-
nant-criminel Tardieu, si fameux par son avarice et
sa mort tragique.

13 *D'un Le Vayer épais Giraut est renversé.*
Les ouvrages composés par le trop fécond Le Vayer
jusqu'en 1667, avaient été recueillis en deux volumes
in-folio ; et c'est plutôt encore sur le format que sur
les ouvrages mêmes, que porte ici le reproche d'é-
paisseur.

Giraut est un nom imaginaire; on ne sait du
moins à qui l'appliquer.

Marineau (au vers suivant) était un des chantres
de la Sainte-Chapelle.

14 *D'un Pinchéne in-quarto Dodillon étourdi.*

Effet naturel de l'insipidité des vers de Pinchêne. Comme il se nommait Etienne-Martin, sieur de Pinchêne, Delille l'a mal à propos confondu avec Martin, traducteur plus que médiocre des Géorgiques.

Dodillon, chantre de la Sainte-Chapelle, devint imbécile dans les dernières années de sa vie. Etait-ce l'effet du coup du Pinchêne?

> 15 *Au plus fort du combat, le chapelain Garagne,*
>   *Vers le sommet du front atteint d'un Char-*
>   *lemagne.*

Le chapelain Garagne est un personnage supposé. *Charlemagne*, poëme héroïque de Louis-le-Laboureur.

16. *Mais tout cède aux efforts du chanoine Fabri.* Delille (poëme des *Jardins*, *chant* II) a tiré la comparaison suivante de cette idée d'un brave qui se distingue entre tous les braves :

> Ailleurs, se confiant à sa propre beauté,
> Un seul arbre se montre, et seul orne la terre.
> Tel, si la paix des champs peut rappeler la guerre,
> Une nombreuse armée étale à nos regards
> Des bataillons épais, des pelotons épars;
> Et là, fier de sa force et de sa renommée,
> Un héros seul s'avance, et vaut seul une armée.

17 *Et de l'eau dans son vin n'a jamais su l'usage.* C'est le plus beau trait de l'éloge que fait Tassoni du brave Jaconia, le Nisus de *la Secchia rapita* : c'était, dit-il, le meilleur des amis, et jamais il n'avait mis d'eau dans son vin.

> E non bevea giammai vino inacquato.
>
>   (*Canto* VI, *Stro.* 60.)

18 *N'a jamais en marchant, fait un pas en arrière.* Eloge mérité. Plus d'une fois *les procès*

sions de Notre-Dame et de la Sainte-Chapelle s'étaient rencontrées, le jour de la Fête-Dieu; et, dans ces graves circonstances, le *porte-croix* de la Sainte-Chapelle avait toujours soutenu bravement l'honneur *de sa bannière*; qui n'avait jamais reculé devant celle de Notre-Dame. Cependant, pour mettre fin à ces contestations, il fut résolu que les deux processions se feraient à des heures différentes.

19 *A ces mots, il saisit un vieil Infortiat.* L'Infortiat est la seconde partie du Digeste ou Pandectes de Justinien. Elle a été ainsi nommée, parce que, formant la partie du milieu de l'ouvrage, elle se trouve soutenue et comme *fortifiée* par les deux autres. P. Corneille à dit dans *le Menteur*, acte I, *scène* VI :

Le digeste nouveau, le vieux, l'Infortiat;
Ce qu'en a dit Jason, Balde, Accurse, Alciat.

20 *Grossi des visions d'Accurse et d'Alciat.* Accurse (en Italien *Accorso*), célèbre jurisconsulte du douzième siècle, fut le premier qui réunit en un corps d'ouvrage (sous le titre de *grande Glose*, ou *Glose continue d'Accurse*), toutes les discussions et décisions éparses de ses prédécesseurs, sur le droit Romain. Il jouissait d'une si grande réputation, que les écrivains des douzième et treizième siècles l'appelèrent *l'idole des jurisconsultes;* et que De Ferrière, Terrasson et Cujas même, ne balancèrent pas, dans la suite, à le mettre au-dessus du fameux Barthole.

André Alciat (d'*Alzato*, bourg du Milanais, d'où il tirait son origine), autre savant jurisconsulte, né le 8 mai 1492. Peu d'hommes ont réuni autant de connaissances, et les ont portées à un si haut degré. Il n'y a, suivant l'expression de Terrasson, aucun jurisconsulte à qui les amateurs de la belle jurisprudence aient autant d'obligations. Les lettres grecques et latines ne lui en ont pas moins. Ses *Emblèmes* eurent long-temps une célébrité classique : ils sont, en

général, fort ingénieux, d'une latinité pure, et
agréablement versifiés. Scaliger en fait l'éloge dans
sa *Poétique*, liv. VI ; et plusieurs savans ont pris la
peine de les commenter.

21 *Sur l'ais qui le soutient auprès d'un Avicenne.*
Avicenne, ou plutôt *Ibn-Sina*, le plus célèbre des
médecins Arabes, naquit vers la fin du dixième
siècle. Doué d'une mémoire prodigieuse et d'une
rare facilité, il s'appliqua à toutes les sciences, et
composa sur toutes des ouvrages dont chacun semble
avoir dû remplir toute la vie d'un homme laborieux.
Mais c'est surtout comme médecin qu'il fut, pendant
près de dix siècles, l'oracle des écoles de l'Europe.
Aucun homme, depuis Galien et Aristote, n'a exercé
dans la science un empire si absolu. Il mourut en
1037, empoisonné par un de ses esclaves, qui avait
mêlé une forte dose d'opium à la potion qu'il prenait pour calmer les attaques d'épilepsie auxquelles
ses excès en tout genre l'avaient rendu sujet.

22 *Il part, et de ses doigts saintement alongés.*
Dans *la Secchia rapita* (*Canto* V, *Stro.* 30), le
nonce du pape bénit également, du haut des remparts de Bologne, les troupes qui défilent devant lui :

Trinciava certe benedizioni,
Che pigliavano un miglio di paese.

« Il leur alongeait de certaines bénédictions, qui
tenaient un mille de pays. »

23 . . . . . . *Profanes, à genoux.*
Quando la gente vide quei crocioni ;
Subito le ginocchia in terra stese,
Gridando : viva il papa, e bonsignore !

(*Canto* VI, *Stro.* 30).

« A cette vue, le peuple mettait le genou en terre pour
recevoir ces bénédictions, et criait : vive le pape !
vive monseigneur le nonce ! »

24 *Le chantre, qui de loin voit approcher l'orage.*
Chapelain, que Boileau critique, et qu'il imite cependant, a dit au livre v de la *Pucelle :*

L'infortuné guerrier, contre ce double orage,
Vainement dans son sein recherche du courage.

25 *Evrard seul, en un coin prudemment
retiré.* C'est le contraire qui se passe dans *la Secchia
rapita :* parmi les guerriers bolonais, se trouvait le
brave Salinguerre ; mais il ne servait que par intérêt
la cause de l'Eglise et du pape. Le nonce, qui le
connaissait bien, tient sa main suspendue, le laisse
passer avec sa troupe, et continue ensuite de bénir.
Le guerrier s'aperçoit de la ruse, et *ce cœur farouche*
ne fait qu'en rire:

Lasciò passar lo, e poi segnò la croce ;
Ma se n'avvide, e rise il cor feroce.

(*Canto* vi , *Stro.* 39).

26 *Se croyait à couvert de l'insulte sacré. Insulte*
est et a toujours été du genre féminin : Boileau la
fait ici du genre masculin. La raison ? Boileau ne la
fit jamais connaître. Nous verrons la même faute
reproduite au chant suivant.

CHANT VI.

Tandis que tout conspire à la guerre sacrée,
La Piété sincère, aux Alpes retirée[1],
Du fond de son désert entend les tristes cris
De ses sujets cachés dans les murs de Paris.
Elle quitte à l'instant sa retraite divine ;
La Foi, d'un pas certain, devant elle chemine[2] ;
L'Espérance au front gai l'appuie et la conduit ;
Et la bourse à la main, la Charité la suit.
Vers Paris elle vole, et d'une audace sainte,
Vient aux pieds de Thémis proférer cette plainte :
Vierge, effroi des méchans, appui de mes autels,
Qui, la balance en main, règles tous les mortels,
Ne viendrai-je jamais en tes bras salutaires
Que pousser des soupirs et pleurer mes misères !
Ce n'est donc pas assez qu'au mépris de tes lois
L'Hypocrisie ait pris et mon nom et ma voix ;
Que, sous ce nom sacré, partout ses mains avares
Cherchent à me ravir crossés, mitres, tiares !
Faudra-t-il voir encor cent monstres furieux
Ravager mes états usurpés à tes yeux !
Dans les temps orageux de mon naissant empire[3],
Au sortir du baptême on courait au martyre.
Chacun, plein de mon nom, ne respirait que moi :
Le fidèle, attentif aux règles de sa loi,
Fuyant des vanités la dangereuse amorce,
Aux honneurs appelé, n'y montait que par force :
Ces cœurs, que les bourreaux ne faisaient point fremir,
A l'offre d'une mitre étaient prêts à gémir ;
Et, sans peur des travaux, sur mes traces divines,
Couraient chercher le ciel au travers des épines.
Mais, depuis que l'Eglise eut, aux yeux des mortels,
De son sang en tous lieux cimenté les autels,

Le calme dangereux succédant aux orages,
Une lâche tiédeur s'empara des courages :
Dé leur zèle brûlant l'ardeur se ralentit ;
Sous le joug des péchés leur foi s'appesantit ;
Le moine secoua le cilice et la haire :
Le chanoine indolent apprit à ne rien faire ;
Le prélat, par la brigue aux honneurs parvenu,
Ne sut plus qu'abuser d'un ample revenu,
Et pour toutes vertus fit, au dos d'un carrosse,
A côté d'une mitre armoirier sa crosse.
L'Ambition partout chassa l'Humilité ;
Dans la crasse du froc logea la Vanité.
Alors de tous les cœurs l'union fut détruite.
Dans mes cloîtres sacrés la Discorde introduite
Y bâtit de mon bien ses plus sûrs arsenaux ;
Traîna tous mes sujets au pied des tribunaux.
En vain à ses fureurs j'opposai mes prières ;
L'insolente, à mes yeux, marcha sous mes bannières.
Pour comble de misère, un tas de faux docteurs
Vint flatter les péchés de discours imposteurs ;
Infectant les esprits d'exécrables maximes,
Voulut faire à Dieu même approuver tous les crimes.
Une servile peur tint lieu de charité ;
Le besoin d'aimer Dieu passa pour nouveauté :
Et chacun à mes pieds, conservant sa malice,
N'apporta de vertu que l'aveu de son vice.
   Pour éviter l'affront de ces noirs attentats,
J'allai chercher le calme au séjour des frimas,
Sur ces monts entourés d'une éternelle glace,
Où jamais au printemps les hivers n'ont fait place.
Mais, jusques dans la nuit de mes sacrés déserts,
Le bruit de mes malheurs fait retentir les airs.
Aujourd'hui même encore une voix trop fidèle
M'a d'un triste désastre apporté la nouvelle :
J'apprends que, dans ce temple où le plus saint des
      rois [4]
Consacra tout le fruit de ses pieux exploits,
Et signala pour moi sa pompeuse largesse [5],
L'implacable Discorde et l'infâme Mollesse,

4

Foulant aux pieds les lois, l'honneur et le devoir,
Usurpent en mon nom le souverain pouvoir.
Souffriras-tu, ma sœur, une action si noire ?
Quoi ! ce temple, à ta porte, élevé pour ma gloire,
Où jadis des humains j'attirais tous les vœux,
Sera de leurs combats le théâtre honteux !
Non, non ! il faut enfin que ma vengeance éclate :
Assez et trop long-temps l'impunité les flatte.
Prends ton glaive, et, fondant sur ces audacieux,
Viens aux yeux des mortels justifier les cieux.
    Ainsi parle à sa sœur cette vierge enflammée :
La grâce est dans ses yeux d'un feu pur allumée.
Thémis sans différer lui promet son secours,
La flatte, la rassure, et lui tient ce discours :
    Chère et divine sœur, dont les mains secourables
Ont tant de fois séché les pleurs des misérables,
Pourquoi toi-même, en proie à tes vives douleurs,
Cherches-tu sans raison à grossir tes malheurs ?
En vain de tes sujets l'ardeur est ralentie [6] ;
D'un ciment éternel ton Église est bâtie,
Et jamais de l'enfer les noirs frémissemens
N'en sauraient ébranler les fermes fondemens [7].
Au milieu des combats, des troubles, des querelles,
Ton nom encor chéri vit au sein des fidèles.
Crois-moi, dans ce lieu même où l'on veut t'op-
      primer,
Le trouble qui t'étonne est facile à calmer,
Et, pour y rappeler la paix tant désirée,
Je vais t'ouvrir, ma sœur, une route assurée.
Prête-moi donc l'oreille, et retiens tes soupirs.
    Vers ce temple fameux, si cher à tes désirs,
Où le ciel fut pour toi si prodigue en miracles,
Non loin de ce palais [8] où je rends mes oracles,
Est un vaste séjour des mortels révéré,
Et de cliens soumis à toute heure entouré.
Là, sous le faix pompeux de ma pourpre honorable,
Veille au soin de ma gloire un homme incomparable [9]
Ariste, dont le Ciel et Louis ont fait choix,
Pour régler ma balance et dispenser mes lois.

Par lui dans le barreau sur mon trône affermie,
Je vois hurler en vain la chicane ennemie :
Par lui la vérité ne craint plus l'imposteur,
Et l'orphelin n'est plus dévoré du tuteur.
Mais pourquoi vainement t'en retracer l'image ?
Tu le connais assez ; Ariste est ton ouvrage :
C'est toi qui le formas, dès ses plus jeunes ans :
Son mérite sans tache est un de tes présens.
Tes divines leçons, avec le lait sucées,
Allumèrent l'ardeur de ses nobles pensées.
Aussi son cœur, pour toi brûlant d'un si beau feu,
N'en fit point dans le monde un lâche désaveu ;
Et son zèle hardi, toujours prêt à paroître,
N'alla point se cacher dans les ombres d'un cloître.
Va le trouver, ma sœur : à ton auguste nom,
Tout s'ouvrira d'abord en sa sainte maison.
Ton visage est connu de sa noble famille ;
Tout y garde tes lois, enfans, sœur, femme, fille [10].
Tes yeux d'un seul regard sauront le pénétrer ;
Et, pour obtenir tout, tu n'as qu'à te montrer.
    Là s'arrête Thémis. La Piété charmée
Sent renaître la joie en son âme calmée.
Elle court chez Ariste, et s'offrant à ses yeux :
    Que me sert, lui dit-elle, Ariste, qu'en tous lieux
Tu signales pour moi ton zèle et ton courage,
Si la Discorde impie à ta porte m'outrage ?
Deux puissans ennemis, par elle envenimés,
Dans des murs autrefois si saints, si renommés,
A mes sacrés autels font un profane insulte [11],
Remplissent tout d'effroi, de trouble et de tumulte.
De leur crime à leurs yeux va-t'en peindre l'hor-
        reur :
Sauve-moi, sauve-les de leur propre fureur.
Elle sort à ces mots. Le héros en prière
Demeure tout couvert de feux et de lumière.
De la céleste fille il reconnaît l'éclat,
Et mande au même instant le chantre et le prélat.
    Muse, c'est à ce coup que mon esprit timide
Dans sa course élevée a besoin qu'on le guide,

Pour chanter par quels soins, par quels nobles travaux,
Un mortel sut fléchir deux superbes rivaux.

Mais plutôt, toi qui fis ce merveilleux ouvrage,
Ariste, c'est à toi d'en instruire notre âge.
Seul tu peux révéler par quel art tout-puissant
Tu rendis tout à coup le chantre obéissant.
Tu sais par quel conseil rassemblant le chapitre,
Lui-même, de sa main, reporta le pupitre ;
Et comment le prélat, de ses respects content,
Le fit du banc fatal enlever à l'instant [12].
Parle donc : c'est à toi d'éclaircir ces merveilles.
Il me suffit pour moi d'avoir su, par mes veilles,
Jusqu'au sixième chant pousser ma fiction,
Et fait d'un vain pupitre un second Ilion [13].
Finissons. Aussi bien, quelque ardeur qui m'inspire,
Quand je songe au héros qui me reste à décrire,
Qu'il faut parler de toi, mon esprit éperdu
Demeure sans parole, interdit, confondu.

Ariste, c'est ainsi qu'en ce sénat illustre,
Où Thémis, par tes soins, reprend son premier lustre,
Quand la première fois un athlète nouveau
Vient combattre en champ clos aux joûtes du barreau,
Souvent sans y penser ton auguste présence,
Troublant par trop d'éclat sa timide éloquence,
Le nouveau Cicéron, tremblant, décoloré,
Cherche en vain son discours sur sa langue égaré :
En vain, pour gagner temps, dans ses transes affreuses,
Traîne d'un dernier mot les syllabes honteuses ;
Il hésite, il bégaie ; et le triste orateur
Demeure enfin muet aux yeux du spectateur.

NOTES.

---

1 *La Piété sincère, aux Alpes retirée.* Dans la
grande *Chartreuse*, fondée en 1084 par saint Bruno,
dans le désert appelé la Chartreuse, à quatre lieues
de Grenoble. C'est une étroite vallée, dominée par

deux rochers escarpés, couronnés de bois, et couverts, une grande partie de l'année, de neige et de brouillards épais. Ce fut là que Bruno et ses compagnons construisirent un oratoire, se bâtirent de petites cellules isolées, et jetèrent les fondemens de l'un des ordres monastiques devenus les plus célèbres par la suite.

> 2 *La Foi*, etc.
> *L'Espérance*, etc.
> . . . . . . *la Charité la suit.*

Ces trois vertus ont été nommées *cardinales* (du mot latin *cardo*, le gond d'une porte), parce qu'elles sont le pivot sur lequel repose l'édifice de toutes les religions.

3 *Dans les temps orageux de mon naissant empire.* Louis Racine a dit dans le poème de *La Religion* :

> Dans ces temps où la foi conduisait aux supplices,
> D'un troupeau condamné, glorieuses prémices,
> Les pasteurs ne briguaient qu'un supplice plus
>   grand :
> Tel fut chez les chrétiens l'honneur du premier rang.

4 *J'apprends que, dans ce temple où le plus saint des rois.* Saint Louis, fondateur de la Sainte-Chapelle achevée en 1245, sur les dessins et sous la direction de Pierre de Montereau ou Montreuil, le plus célèbre architecte de son temps. Cette église était destinée à remplacer l'Oratoire ou chapelle que Louis-le-Gros avait fait bâtir au même endroit. La dédicace de la Sainte-Chapelle n'eut lieu qu'au mois d'avril 1248.

5 *Et signala pour moi sa pompeuse largesse.* Ce magnifique édifice avait coûté quarante mille livres, huit cent mille francs environ de notre monnaie actuelle ; les reliques et les châsses, dans lesquelles on les déposa, cent mille livres, c'est-à-dire

deux millions : largesse *pompeuse*, en effet, et jusqu'alors sans exemple.

6 *En vain de tes sujets l'ardeur est ralentie.* Le
même refroidissement arrachait les mêmes plaintes à
Louis Racine, Poème de *La Religion*, chant vi :

Hélas! ce feu divin s'éteint de jour en jour ;
A peine il jette encor de languissantes flammes :
L'amour meurt dans les cœurs, et la foi dans les âmes.
Qu'êtes-vous devenus, beaux siècles, jours naissans,
Temps heureux de l'Eglise ? etc. . . . .

7 *N'en sauraient ébranler les fermes fondemens.*
Ce sont les propres paroles de Jésus-Christ à saint
Pierre : « Tu es Pierre, et sur cette *pierre* je bâtirai
mon Eglise, et les portes de l'enfer ne prévaudront
point contre elle. » (*Saint Mathieu, chap.* xvi,
verset 18.)

8 *Non loin de ce palais*, etc. Ce fut, selon Hadrien
de Valois, la crainte des Normands qui obligea
Eudes et les princes ses successeurs, de transférer
leur demeure dans la Cité, et d'y bâtir ce que nous
avons appelé depuis *le Palais.* Jusqu'alors nos rois
avaient habité celui *des Thermes,* ou *des Bains,*
fondé par les vieux Romains, et debout encore sur
vingt siècles de ruines. Quant au *Palais,* il n'est
plus depuis long-temps la demeure des rois, mais il
est toujours le temple de la justice ; ce n'est pas avoir
changé de destination : « Car, dit Montaigne
(*Liv.* iii, *chap.* 6), la royauté semble consister le
plus en la justice. »

9 *Veille au soin de ma gloire un homme incomparable.* Guillaume de Lamoignon, issu d'une des
plus nobles et des plus anciennes familles du Niver-
nais, naquit en 1617. Il fut reçu premier président,
le 2 octobre 1658, et ce fut à lui que Louis XIV
adressa ces paroles flatteuses, tant répétées depuis :
« Si j'avais connu un plus homme de bien, et un

plus digne sujet, je l'aurais choisi. » Le choix et
l'éloge furent également justifiés par le zèle, l'inté-
grité et les lumières de ce grand magistrat. Il mourut
le 10 décembre 1677, six ans avant la publicité du
noble et touchant hommage que Boileau rend ici à
sa mémoire. Fléchier prononça son oraison funèbre,
le 18 février 1679, dans l'Eglise de Saint-Nicolas du
Chardonnet.

10 *Tout y garde tes lois, enfants, sœur, femme,
fille.* Fléchier, dans son oraison funèbre, nous
dépeint la famille de Lamoignon, comme une de
celles « où l'on ne semble naître que pour exercer la
justice et la charité ; où la vertu se communique
avec le sang, s'entretient par les bons conseils, s'excite par les grands exemples. »

Boileau avait particulièrement en vue, dans ce vers,
Madeleine de Lamoignon, sœur du premier président. Elle termina, le 14 avril 1687, à l'âge de
soixante-dix-huit ans, une carrière ornée de toutes
les vertus chrétiennes, exercées sans faste, et dans le
véritable esprit de la religion. Elle poussait la charité si loin, qu'elle ne voulait pas qu'on médît du
Grand Turk, ni même du *Diable*. Respectons, dans
une femme si pieuse, cette faiblesse tant soit peu
puérile.

11 *A mes sacrés autels font un profane insulte.*
Déjà, au chant V, nous avons signalé l'*insulte sacré*.
C'était une faute, du temps même de Boileau : *insulte* a toujours été du genre féminin. Brossette
(*lettre du* 10 *août* 1706) proposa ses doutes à l'auteur, qui ne répondit point à la difficulté ; et Brossette n'osa pas relever la faute : son génie étonné
trembla devant celui de Boileau. L'usage a condamné
le poète, et sans appel.

12 *Le fit du banc fatal enlever à l'instant.* Le
premier président fit comprendre au trésorier que
ce pupitre n'ayant été placé, dans le principe, sur

le banc du chantre, que pour la commodité particulière de ce dernier, il n'était pas juste d'exiger que
ses successeurs le souffrissent, s'il leur était incom-
mode. Il fit consentir le chantre, de son côté, à
remettre le pupitre devant son siége, et le trésorier
à le faire enlever, le lendemain ; ce qui fut exécuté de
part et d'autre. (*Brossette.*)

13 *Et fait d'un vain pupitre un second Ilion.*
Tassoni, *Secchia rapita* (*Canto* 1, *Stro.* 2), avait
dit :

Vedrai, s'al cantar mio porgi l'orecchia,
Elena trasformarsi in una secchia.

Saint-Marc trouve une *Hélène* changée en seau
beaucoup plus poétique, qu'un *vain pupitre* devenu
un autre Ilion. Les deux images, forcées toutes deux,
et puisées à la même source, se valent à peu près.

FIN.